선명상과 함께하는
천수경 수행의 길

책의 특징 및 차별점

· 천수경의 깊은 의미를 쉽게 풀어, 초심자도 이해할 수 있도록 구성했습니다.

· 각 진언과 다라니의 해석, 수행법, 실천 방법을 포함했습니다.

· 일상 속에서 쉽게 실천할 수 있는 구체적인 수행법을 제공합니다.

· 단순한 경전 해설서가 아니라, 수행 실천서입니다.

· QR코드로 유튜브 강의와 연결하여 더욱 효과적인 학습이 가능합니다.

선명상과 함께하는
천수경 수행의 길

덕운 지음

청류

서문

천수경을 수행하며 삶을 닦아 가는 길

불자라면 누구나 한 번쯤 천수경을 독송해보았을 것입니다. 천수경은 우리에게 가장 친숙하고 널리 알려진 경전이지만, 그 안에 담긴 깊은 가르침을 온전히 이해하고 실천하는 이는 많지 않습니다. 자주 독송하고 외우는 것에 그칠 뿐, 경전이 전하는 참된 뜻을 마음 깊이 새기고 삶으로 녹여내는 노력은 부족한 것이 현실입니다.

이 책은 단순한 독송을 넘어, 천수경을 일상의 수행으로 삼고 삶의 실천으로 이어갈 수 있도록 돕기 위한 것입니다. 경전을 대할 때 중요한 것은 그 가르침을 어떻게 받아들여 삶에서 실천하고, 나아가 우리의 삶 속에서 살아 숨 쉬게 할 것인가를 고민하는 것입니다. 경전의 참된 가치는 단지 글자를 읽는 것에 있는 것이 아니라, 그 가르침을 일상에서 실천함으로써 스스로 삶을 변화시키고, 더 나은 세상을 만들어가는 데 있습니다.

천수경은 자비와 지혜, 수행과 참회, 발원의 길을 우리에게 분명히 제시하고 있습니다. 경전 속에서 우리는 관세음보살의 위대하고 자비로운 원력을 찬탄하며, 신묘장구대다라니의 가피와 힘을 간절히 구합니다. 나아가 사홍서원과 여래십대발원을 통해 우리 자신만의 개인적인 수행을 넘어서, 모든 중생과 함께하는 보편적이고 공동체적인 수행을 실천할 수 있도록 이끌어줍니다.

이 책은 천수경을 보다 깊이 이해하고, 천수경의 독송을 넘어 구체적인 수행법과 실천 방법을 제시하여 일상의 삶에 적용할 수 있도록 인내하고자 합니다. 특히 선명상과 함께하는 천수경 수행 정진은 하루하루 변화, 발전하는 '나'를 찾는 기회가 될 것입니다. 이를 통해 바쁜 현대사회에서 천수경 수행을 지속적으로 실천하며, 자신의 마음을 다스리고 삶의 질을 높이는 방법을 찾을 수 있도록 구성하였습니다. 더불어, 남산 충정사 유튜브 강의와 연계하여 언제 어디서든 천수경의 가르침을 보다 쉽게 배우고 익힐 수 있도록 내용을 구성하였습니다.

  이 책이 천수경 수행을 시작하려는 초심자들에게는 친절한 안내서가 되고, 이미 천수경을 익히고 있지만 더 깊이 공부하고 실천하고자 하는 불자들에게는 새로운 깨달음과 지혜를 얻는 작은 등불이 되기를 바랍니다. 천수경의 가르침을 통해 우리의 삶이 더욱 맑고 밝아지며, 우리의 수행이 모든 중생에게 널리 회향되어 모든 이들의 삶이 함께 평안해지고 행복해지기를 진심으로 기원합니다.

불기 2569년 부처님오신날

남산 충정사에서 덕운 합장

차례

서문 4

1부 천수경이란 무엇인가?
천수경의 기본 개념과 수행

1장. 천수경, 왜 중요한가?
　　　불자들이 가장 많이 독송하는 이유 12

2장. 천수경의 핵심 가르침
　　　자비, 지혜, 참회, 수행의 길 27

3장. 천수경의 전체 구성과 흐름
　　　독송의 단계별 의미 48

4장. 천수경을 독송할 때의 마음가짐과 자세 60

2부 천수경의 주요 진언과 수행법
각 진언과 다라니의 의미, 수행법

1장. 정구업진언
　　　말의 업을 깨끗이 하는 수행 78

2장. 오방내외안위제신진언
　　　공간을 정화하는 힘 91

3장. 개법장진언
법의 문을 여는 수행 ········· 101

4장. 계수관음대비주
관세음보살을 찬탄하는 마음 ········· 111

5장. 신묘장구대다라니
가장 강력한 가피의 주문 ········· 126

6장. 신묘장구대다라니의 개별 구절 해설과 수행법 ········· 141

7장. 준제진언
소원을 성취하는 수행법 ········· 166

8장. 정법계진언
법계를 정화하는 수행 ········· 177

3부 천수경의 수행과 실천
천수경을 실질적인 수행으로 연결하는 방법

1장. 사홍서원
불자의 네 가지 큰 서원 ········· 186

2장. 여래십대발원문
삶을 변화시키는 열 가지 원칙 ········· 198

3장. 천수경 수행을 통한 업장 소멸과 가피 ········· 208

4장. 천수경 수행과 현대인의 삶
일상의 수행으로 연결하기 ········· 219

5장. 천수경을 통한 선명상(Seon Meditation) 실천법 ········· 226

4부 천수경을 생활 속에서 실천하는 방법
일상 속에서 천수경을 활용하는 실천법

1장. 천수경을 매일 독송하는 5가지 방법 ·············· 238

2장. 천수경 수행을 지속하는 습관 ·············· 246

3장. 천수경을 통한 화해와 용서의 수행 ·············· 254

4장. 천수경 수행과 관계 개선
　　　가족, 친구, 직장에서의 실천법 ·············· 263

5부 천수경 수행 프로그램 & 실천 가이드
체계적인 수행을 위한 프로그램과 체크리스트

1장. 하루 5분 천수경 수행 프로그램 ·············· 274

2장. 천수경 수행 기록 노트
　　　독송 체크리스트 ·············· 280

3장. 천수경 수행의 길
　　　지속적인 정진을 위한 실천 가이드 ·············· 293

맺음말 ·············· 302

1부

천수경이란 무엇인가?

천수경의 기본 개념과 수행

1장

천수경, 왜 중요한가?
불자들이 가장 많이 독송하는 이유

1. 천수경, 왜 우리는 매일 독송하는가?

불자라면 누구나 한 번쯤 천수경을 독송해보았을 것입니다. 사찰, 가정, 법회에서 가장 자주 읽히는 경전이 바로 천수경입니다. 천수경은 한국 불교에서 가장 친숙한 경전이며, 매일 아침과 저녁을 여는 수행의 시작이자 끝이 되기도 합니다.

그렇다면 왜 우리는 수많은 경전 중에서도 특별히 천수경을 중요하게 여기고, 매일 독송하는 것일까요?

천수경은 단순히 복을 빌기 위한 주문이나 형식적인 의례가 아닙니다. 천수경은 우리의 삶을 근본적으로 변화시키는 깊은 수행법이며, 지혜의 가르침입니다. 짧지만 명료한 경전 문장들

속에 부처님의 진리가 응축되어 있고, 반복해서 독송할수록 마음 깊이 새겨지며 삶을 변화시키는 힘이 됩니다.

우리는 일상을 살아가며 수많은 고민과 걱정, 스트레스와 마주하게 됩니다. 이때, 천수경을 독송하면 혼란스러운 마음이 즉각 고요해집니다. 매일 독송하다 보면 점차 우리 마음 깊은 곳에서 맑고 밝은 수행의 씨앗이 자라나고 있음을 느끼게 됩니다.

처음에는 단순히 입으로 따라 읽기만 하던 독송이 어느 순간 내면의 목소리로 변화하고, 경전의 뜻을 온전히 받아들이고 이해하는 과정으로 이어지게 됩니다. 그렇게 독송의 의미를 깨닫게 되면, 경전 속 가르침을 삶 속에서 자연스럽게 실천할 수 있는 힘이 생깁니다.

실제로 많은 불자들이 천수경 독송을 통해 삶의 변화를 경험합니다. 그들은 한결같이 이렇게 말합니다.

"마음이 편안해지고 불안이 줄어듭니다."
"어려운 일이 생겼을 때, 천수경을 독송하면 길이 열립니다."
"기도를 하면 막혔던 일들이 풀립니다."
"머릿속이 맑아지고 생각이 정리됩니다."

이와 같은 변화는 결코 우연이 아닙니다. 천수경은 관세음보살의 자비로운 원력과 신묘장구대다라니의 깊은 가피가 함께 어우러진 경전이기 때문입니다. 경전 문장 하나하나, 진언

하나하나가 우리의 마음을 정화하고, 막혔던 삶의 길을 열어주는 힘을 지니고 있는 것입니다.

뿐만 아니라 천수경은 자비(慈悲), 지혜(智慧), 참회(懺悔), 발원(發願)이라는 불교 수행의 핵심 가르침을 압축하여 담고 있어서, 독송 자체가 곧 부처님의 가르침을 배우고 익히는 과정이 됩니다. 꾸준한 독송을 통해 자연스럽게 부처님의 가르침을 마음 깊이 새기게 되고, 그것을 삶 속에서 실천할 수 있는 능력을 갖추게 되는 것입니다.

우리가 천수경을 매일 독송하는 가장 중요한 이유는 바로 이렇게 수행의 힘을 일상에서 지속적으로 쌓아가기 위함입니다. 우리의 삶은 크고 작은 걱정거리와 번뇌들로 가득 차 있지만, 천수경을 독송하는 그 순간만큼은 부처님과 하나 된 마음, 고요하고 평화로운 마음으로 안식을 찾게 됩니다.

이처럼 독송을 통해 내면의 중심을 바로 세우고 마음을 정화하면, 삶은 자연스럽게 긍정적으로 변화하고 맑고 밝은 방향으로 흘러가게 됩니다. 천수경의 깊은 뜻과 수행법을 온전히 이해하고 독송의 참된 의미를 알게 되면, 그것이 우리의 일상에서 수행과 깨달음으로 이어지는 강력한 실천법이 됩니다.

2. 천수경을 가장 많이 독송하는 이유

천수경은 우리 불교 수행의 정수를 응축하여 담고 있는 귀중한 경전입니다. 분량은 짧지만, 관세음보살의 깊은 자비심과 업장을 맑게 정화하는 수행법, 깨달음에 이르는 귀한 가르침이 모두 담겨 있습니다. 오랜 역사 속에서 지금까지 천수경이 가장 널리 독송되는 이유가 바로 여기에 있습니다. 천수경은 간결하면서도 핵심적인 수행의 가르침을 포함하고 있어서 초심자나 숙련된 수행자 모두에게 가장 이상적인 수행의 기초가 되기 때문입니다.

천수경은 관세음보살 신앙의 중심이다.

천수경은 무엇보다 관세음보살의 무한한 자비와 원력을 찬탄하고 그 가피를 받는 데 초점이 맞추어져 있습니다. 관세음보살은 고통에 빠진 중생이 부르면 어느 곳이든 즉시 나타나 그 고통을 덜어준다는 보살입니다. 천수경 전반에 걸쳐 흐르는 보살의 원력과 자비의 정신이 바로 이 경선을 반복해 독송하게 되는 가장 큰 이유입니다. 특히 천수경 내의 신묘장구대다라니(神妙章句大陀羅尼)는 관세음보살의 신묘한 가피와 보호의 힘을 상징하는 주문으로, 독송할 때마다 불안한 마음이 사라지고 마음속 깊이 평온함과 위안을 경험할 수 있습니다. 그리하여 많은 불자들이 힘들고 어려운 순간, 마음을 의지할 곳이 필요할 때 천수경부터 찾게 되는 것입니다.

천수경은 업장을 소멸하고 보호의 힘을 준다.

우리는 살아가면서 알게 모르게 수많은 업(業)을 짓고 삽니다. 이 업이 쌓여 우리의 현실을 만들어내고 미래를 결정하게 됩니다. 따라서 불교의 근본 수행은 이러한 업을 정화하고 좋은 업을 쌓아가는 데 있습니다. 천수경은 바로 이 업장 소멸에 탁월한 수행법입니다. 천수경 속의 신묘장구대다라니나 준제진언(准提眞言) 같은 다라니들은, 단지 주문이 아니라 우리의 몸과 마음, 주변 환경에까지 영향을 미쳐 맑고 깨끗하게 변화시키는 힘을 가지고 있습니다. 천수경을 매일 정성껏 독송하면, 과거로부터 쌓였던 부정적인 업들이 차츰 정화되면서 밝고 맑은 삶으로 변화하는 체험을 하게 됩니다. 독송을 거듭할수록 주변이 밝아지고 보호받는 느낌을 받으며, 인생의 흐름이 점점 순조롭게 풀려가는 것을 경험할 수 있습니다.

천수경은 독송하기 쉽지만 깊은 의미가 담겨 있다.

불교의 여러 경전 가운데는 그 길이가 매우 길고 난해하여 접근하기 어려운 것도 있습니다. 하지만 천수경은 짧고 간결하여 초심자라도 쉽게 접할 수 있는 경전입니다. 그렇다고 해서 천수경이 가볍거나 얕은 경전은 결코 아닙니다. 오히려 짧은 경문 속에 자비, 지혜, 참회, 발원과 같은 불교의 핵심 가르침이 압축적으로 녹아 있어서, 처음에는 쉽게 따라 읽지만 깊이 새기면 새길수록 그 의미가 점차 심오해지는 경험을 하게 됩니다. 그래서 천수경은 처음 불교를 접하는 사람들에게는 친숙하고 쉬운 안내서가 되면서도, 오랜 세월 수행해온 사람들에게는 더욱 깊은 깨달음의 문으로 이어지는 경전이기도 합니다.

천수경을 독송하면 마음이 안정되고 수행의 힘이 쌓인다.

불자들이 천수경을 매일 독송하는 가장 실질적인 이유는 바로 그 즉각적이고 강력한 마음 안정 효과 때문입니다. 마음이 혼란스럽고 잡념이 가득할 때, 천수경의 명료한 진언들을 천천히 독송하면 순식간에 마음이 맑아지고 차분히 가라앉는 것을 느낄 수 있습니다. 특히 천수경을 매일 아침저녁 독송하는 습관을 들이면, 하루를 시작하고 마칠 때마다 마음이 고요히 정리되어 안정된 상태로 일상생활을 할 수 있게 됩니다. 이러한 과정을 반복하면 마음이 점점 고요해지고 평화로워지며, 수행의 힘이 자연스럽게 쌓이게 됩니다. 수행의 힘이 축적되면 우리의 삶 전체가 맑고 차분하게 변하며, 나아가 주변 사람들에게도 긍정적인 영향을 주게 됩니다.

이러한 이유들로 천수경은 수많은 불자들에게 오랜 시간 가장 사랑받아왔으며, 오늘날에도 가장 많이 독송되는 경전으로 자리 잡게 된 것입니다. 천수경의 가치를 깊이 새기며, 하루하루의 삶과 수행의 바탕으로 삼아가기를 바랍니다.

3. 천수경을 꾸준히 독송하면 나타나는 변화

천수경을 꾸준히 독송하면, 우리의 삶에는 눈에 보이는 외적인 변화뿐만 아니라 내면 깊은 곳에서부터 서서히 피어나는 근본적인 변화들이 나타납니다. 천수경 독송은 단순히 경전을 읽거나 형식적인 주문을 외우는 행위가 아닙니다. 관세음보살의 무한한 자비와 원력을 마음에 깊이 새기고, 이를 일상에서 구체적으로 실천하며 자신의 내면에 수행의 힘을 쌓아가는 깊고 섬세한 과정입니다.

천수경 수행은 우리의 내면을 깨우는 등불과 같습니다. 처음 독송을 시작할 때는 그 효과를 잘 느끼지 못할 수도 있지만, 꾸준히 지속하면 어느새 놀라운 변화를 스스로 체험하게 됩니다. 꾸준한 천수경 수행이 우리 삶에 가져오는 네 가지 주요한 변화를 보다 깊이 있게 하나씩 살펴보겠습니다.

첫째, 불안과 걱정이 줄어들고 내면이 안정된다.

많은 사람들은 크고 작은 불안과 스트레스 속에서 하루를 살아갑니다. 천수경을 독송하면 가장 먼저 경험하는 변화가 바로 이러한 불안과 걱정의 감소입니다. 특히 천수경 안의 신묘장구대다라니를 꾸준히 독송할 때, 마음 깊은 곳에 자리 잡은 부정적 감정과 불안이 정화되어 사라지며, 그 자리를 맑고 밝은 에너지가 채워갑니다. 처음에는 단순히 따라 읽기만 했는데도 어느 순간 마음속 깊이 고요와 편안함이 자리 잡고 있음을 발견하게 됩니다. 많은 불자들이 "막연했던 불안이 사라지고, 복잡한 생각이 깨끗하게 정리되는 것을 경험한다"고 말하는 이유가 바로 여기에 있습니다.

둘째, 삶의 목표에 더욱 집중하고 원하는 일이 성취된다.

천수경 독송이 가져다주는 또 하나의 변화는 바로 집중력과 내적 에너지의 강화입니다. 마음이 안정되고 불필요한 잡념이 줄어들면, 자연스럽게 우리가 원하는 목표나 바라는 일에 더욱 분명히 집중할 수 있게 됩니다. 관세음보살의 자비로운 가피가 우리의 마음과 몸에 깊이 새겨질 때, 현실에서 이루어지기 어려웠던 일들이 놀랍게도 이루어지는 경험을 하게 됩니다. 실제로 천수경 수행을 생활화한 불자들에게는 중요한 시험에 합격했다거나, 막혔던 사업이 순조롭게 풀렸다거나, 오랫동안 해결되지 않던 문제가 자연스럽게 해결되었다는 체험담이 많습니다. 이는 천수경 독송이 우리 내면의 힘을 맑고 강력하게 만들어주는 덕분입니다.

셋째, 업장이 소멸되고 삶이 긍정적인 방향으로 흐른다.

우리는 살아가면서 알게 모르게 많은 업(業)을 쌓습니다. 이 업이 쌓여 우리의 삶을 결정짓는다는 것이 불교의 근본 가르침입니다. 천수경을 꾸준히 독송하면 이러한 업장을 정화하는 강력한 수행의 힘이 작용합니다. 처음에는 크게 드러나지 않을 수도 있지만, 지속적으로 수행하다 보면 어느 순간 삶의 흐름이 긍정적으로 바뀌어 있음을 발견하게 됩니다. 이전에는 해결되지 않았던 문제들이 자연스럽게 풀리고, 무겁고 답답했던 삶의 흐름이 가볍고 순조롭게 바뀌는 것을 체험하게 됩니다. 이 변화는 일시적인 것이 아니라 근본적이고 지속적인 것입니다. 천수경 독송은 바로 이렇게 우리의 삶 전체를 긍정적이고 밝은 방향으로 재구성하는 힘을 가지고 있습니다.

넷째, 좋은 인연이 찾아오고 보호받는 느낌을 받는다.

천수경 독송은 우리 주변의 관계와 환경에도 큰 변화를 가져옵니다. 관세음보살의 가피를 마음 깊이 새기고 독송을 꾸준히 실천하다 보면, 좋은 인연들이 자연스럽게 찾아들고 사람들과의 관계가 화목하고 원만해집니다. 이전까지는 다툼이나 갈등으로 어려웠던 관계가 자연스럽게 개선되고, 예상치 못한 곳에서 귀한 인연이 나타나기도 합니다. 많은 수행자들이 천수경 수행을 통해 "생각지도 못한 순간에 누군가의 도움을 받아 어려움을 쉽게 극복했다"고 말합니다. 이것은 관세음보살의 자비로운 원력이 우리의 삶 속에 깊이 스며들어 항상 보호해준다는 강력한 확신을 심어주기 때문입니다.

천수경을 꾸준히 독송하면 이러한 네 가지 변화를 통해 내면은 더욱 풍요로워지고 외면적으로도 더욱 원만하고 평화롭게 변화합니다. 천수경 독송은 평생 지속해나가는 마음의 수행입니다. 이 깊은 수행을 통해 삶이 더욱 맑아지고, 우리의 수행이 모든 중생에게 회향하는 아름다운 변화를 이루어가기를 바랍니다.

4. 천수경 수행을 시작하는 방법

천수경은 많은 불자들에게 친숙한 경전이지만, 막상 수행으로 시작하려 하면 어떻게 해야 좋을지 막막함을 느끼는 분들도 계실 것입니다. 천수경의 진정한 가피와 그 의미를 깊이 느끼기 위해서는, 부담스럽지 않은 마음으로 편안하게 수행을 시작하는 것이 중요합니다. 천수경 수행을 조금 더 쉽게, 그리고 자연스럽게 일상에 녹여낼 수 있는 몇 가지 방법을 말씀드리고자 합니다.

하루에 짧은 시간이라도 천수경을 독송해보면 어떨까요?

처음부터 너무 길게, 혹은 자주 독송하려고 노력하지 않으셔도 좋습니다. 하루 중 편안한 시간을 골라 잠깐이라도 천수경을 펼쳐 천천히, 정성스럽게 독송해보시면 좋겠습니다. 중요한 것은 독송의 길이가 아니라 꾸준히 지속하는 습관입니다. 짧더라도 매일 수행을 이어가다 보면 마음속 깊은 곳에서 조금씩 변화를 느끼실 수 있을 것입니다.

독송할 때, 의미를 천천히 되새겨보면 더욱 좋겠습니다.

그저 빠르게 읽기보다는 천수경의 문장 하나하나, 진언 하나하나의 의미를 찬찬히 생각하며 독송하는 것을 권해드립니다. 천수경 속에 담긴 관세음보살의 자비와 지혜, 수행과 참회의 의미를 한 번씩 떠올리며 읽다 보면, 마음이 보다 맑아지고 편안해지는 것을 느끼실 수 있을 것입니다. 의미를 생각하며 천천히 독송하는 과정에서 천수경과 더욱 가까워지는 경험을 하게 되실 겁니다.

독송을 마친 후, 조용히 회향의 시간을 가져보면 어떨까요?

수행을 마친 후 잠깐이라도 조용히 앉아 오늘 수행한 공덕을 스스로 돌아보며, 나와 더불어 모든 중생이 함께 행복해지기를 바라는 회향의 마음을 가져보시면 좋겠습니다. 회향이란 내가 얻은 수행의 공덕을 모든 이들과 함께 나누는 마음의 표현입니다. 이렇게 수행을 마무리하면, 보다 깊은 마음의 평화와 기쁨을 느끼실 수 있을 것입니다.

편안한 수행 공간을 마련하는 것도 좋겠습니다.

조용하고 깨끗한 곳에서 향을 피우거나, 작은 촛불을 밝혀놓고 수행을 하면 마음이 더욱 편안해지고 안정됩니다. 작은 불상을 모셔놓고 천수경을 독송하면 수행에 더욱 집중할 수 있는 환경이 자연스럽게 만들어집니다. 꼭 특별한 장소가 아니어도 좋으니 마음이 편안하게 머무를 수 있는 작은 공간을 마련해보시면 좋겠습니다.

수행의 경험을 간단히 기록해보는 것은 어떨까요?

천수경을 수행하면서 느낀 소소한 감정이나 생각을 간단히 적어두시면 좋겠습니다. 길게 쓰지 않아도 됩니다. 하루 한두 줄이라도 마음의 상태나 느낌을 기록해보면, 시간이 지남에 따라 자신의 수행이 어떻게 변화해왔는지를 스스로 확인하실 수 있을 것입니다. 이런 기록은 수행을 더 깊이 있게 이어가는 데 도움이 될 것입니다.

마음이 편안해지고 자연스럽게 다가가는 수행이 가장 좋습니다. 부담스러워하지 마시고, 지금 이 순간부터 천수경 수행을 한번 시작해보시면 어떨까요? 천수경의 맑고 따뜻한 울림이 조금씩 삶을 밝히고 따뜻하게 해줄 것입니다.

5. 천수경 수행을 통해 얻을 수 있는 최종적인 깨달음

천수경을 수행하는 과정은 단순히 기도나 주문을 외우는 것을 넘어, 삶 전체를 하나의 수행으로 바라보는 길입니다. 처음 천수경을 접할 때는 단지 좋은 일이 생기기를 바라며 독송을 시작하게 되지만, 점점 그 가르침의 깊이를 이해하게 되면서 삶의 모든 순간을 수행의 관점에서 바라보게 됩니다. 그렇게 되면 일상에서 벌어지는 작은 일들조차 소중한 깨달음의 기회로 다가옵니다.

천수경 수행을 꾸준히 이어나가다 보면, 마음속 깊은 곳에서부터 맑고 밝은 변화가 일어납니다. 과거에는 고민과 걱정으로 마음을 무겁게 했던 문제들이 어느 순간 자연스럽게 해결되고, 부정적이었던 생각들이 점차 희미해지면서 마음의 고요함과 평화를 찾게 됩니다. 실제로 천수경을 오래도록 수행한 많은 불자들이 "마음의 갈등과 번뇌가 줄어들고 삶이 맑아졌다", "예전에는 힘들게 느껴지던 일이 자연스럽게 풀리고 긍정적인 에너지로 가득 차게 되었다"고 이야기합니다.

이러한 변화는 단지 개인의 노력만으로 이루어지는 것이 아닙니다. 그것은 관세음보살의 무한한 자비와 가피가 우리 삶 속에 구체적으로 나타난 결과입니다. 천수경 수행은 관세음보살의 원력과 깊이 연결되어 있습니다. 관세음보살은 중생의 괴로움을 보고 듣는 즉시 응답하여 자비로운 손길을 내미시는 보살입니다. 우리가 정성껏 천수경을 독송하고 꾸준히 수행해나갈 때, 보살님의 자비로운 가피는 우리 삶 곳곳에 나타나 놀라운 변화를 가져다줍니다. 그래서 천수경 수행은 개인의 이익을 넘어, 주변의 모든 중생에게까지 공덕을 회향하는 깊고 위대한 수행이 되는 것입니다.

천수경 수행의 최종적인 목적은 결국 '마음의 깨달음'으로 나아가는 것입니다. 불교에서 말하는 마음의 깨달음이란, 모든 중생이 근본적으로 하나로 연결되어 있음을 깨닫고, 나와 타인이 다르지 않다는 것을 깊이 이해하는 상태입니다. 즉, 관세음보살과 같이 타인의 아픔을 자신의 아픔처럼 느끼며, 다른 이들을 진정으로 이해하고 사랑과 용서를 베풀 수 있는 지혜롭고 자비로운 마음을 얻는 것입니다.

이러한 깨달음은 하루아침에 얻어지지 않습니다. 그렇기에 천수경 수행을 통해 매일 조금씩 마음을 다듬고 가꾸어가는 노력이 필요한 것입니다. 마음을 꾸준히 정화하고 수행의 힘을 쌓아가다 보면, 어느 순간 우리는 예전과는 완전히 달라진 자신의 모습을 발견하게 될 것입니다. 삶의 모든 순간을 감사와 기쁨으로 맞이하게 되고, 자연스럽게 다른 사람들에게 밝고 긍정적인 영향을 미치는 존재가 될 것입니다.

그러니, 지금 이 순간 천수경을 정성스레 한 번 독송해보면 어떨까요? 독송을 하며 마음속 깊은 곳에서 맑고 따뜻한 울림을 느껴보십시오. 그 울림이 조금씩 커져 마음과 삶 전체에 은은하게 스며들어, 자신뿐 아니라 주변 모든 중생들에게까지 밝고 따뜻한 가피가 전해지기를 바랍니다.

천수경 수행을 통해 우리의 삶이 더욱 밝고 맑아지기를, 궁극적인 깨달음의 길을 걸으며 모든 중생과 함께 행복과 평화를 누리시기를 진심으로 기원합니다.

2장

천수경의 핵심 가르침
자비, 지혜, 참회, 수행의 길

1. 천수경, 단순한 기도가 아닌 수행의 길

천수경은 모든 불자들에게 친숙한 경전이지만, 안타깝게도 그 속에 담긴 진정한 의미를 깊이 이해하고 실천하는 경우는 많지 않은 것 같습니다. 우리는 사찰이나 법회에서 자주 천수경을 접하지만, 대부분의 경우 형식적인 기도문이나 주문처럼 여기는 경우가 많습니다. 그러나 천수경은 결코 단순히 암송이나 기도만을 위한 주문이 아닙니다. 천수경은 우리가 매 순간 삶에서 끊임없이 실천하고 마음을 닦아가도록 명확한 방향을 제시하는 살아 있는 수행법입니다.

처음 천수경을 접할 때는 단순히 따라 읽는 것으로 시작하더라도, 시간이 지날수록 그 가르침이 마음속 깊이 스며들게 됩니다. 천수경은 우리의 삶 전체를 변화시키는 불교 수행의 핵심 원리들을 네 가지로 명료하게 전하고 있습니다. 이 네 가지 원리는 각각 자비(慈悲), 지혜(智慧), 참회(懺悔), 수행(修行)으로, 우리 삶을 바르게 인도하고 마음의 중심을 잡아주는 매우 중요한 가르침입니다.

자비(慈悲)는 모든 불교 수행의 가장 중요한 출발점입니다.

천수경에서는 관세음보살의 무한한 자비와 원력을 찬탄하며, 중생의 고통을 나의 아픔으로 받아들이고, 세상 모든 존재의 행복을 바라는 열린 마음을 갖도록 이끌어줍니다. 단순히 자신만의 복을 바라며 독송하는 것이 아니라, 주변 중생들과 함께 더불어 살아가며 그들을 도우려는 마음이 자비의 실천입니다. 자비는 우리 삶을 따뜻하고 풍성하게 만들어주며, 주변 사람들과 화합하고 평화롭게 살아갈 수 있는 근본적인 힘이 됩니다.

지혜(智慧)는 세상의 참모습을 바르게 이해하고 깨닫게 하는 힘입니다.

천수경을 통해 우리는 삶의 허상에 흔들리지 않고, 진정한 행복과 평화의 길을 발견할 수 있는 지혜를 얻게 됩니다. 천수경의 가르침을 깊이 이해하고 매일의 수행으로 삼으면, 우리의 마음은 맑아지고, 삶에서 경험하는 고통과 혼란이 점점 사라지는 것을 느낄 수 있습니다. 지혜는 단순한 지식이 아니라, 삶에서 일어나는 문제를 근본적으로 해결할 수 있는 통찰력입니다. 이를 통해 우리는 어떤 상황에서도 중심을 잃지 않고 평화롭게 살아갈 수 있게 됩니다.

참회(懺悔)는 천수경에서 중요하게 강조하는 수행입니다.

참회는 단지 자신의 잘못을 반성하는 것에 그치지 않습니다. 천수경의 신묘장구대다라니나 준제진언과 같은 강력한 다라니와 진언을 독송하며 참회할 때, 과거로부터 축적된 우리의 모든 부정적 업장을 깨끗이 정화할 수 있습니다. 이 참회의 과정을 통해 우리는 새로운 마음과 깨끗한 몸으로 다시 태어나며, 삶에 막혔던 길이 자연스럽게 열리는 놀라운 경험을 하게 됩니다. 참회는 과거의 잘못을 새로운 깨달음의 발판으로 삼는 적극적인 수행의 과정이며, 진정한 마음의 평화를 얻기 위한 필수적인 단계입니다.

수행(修行)은 위에서 언급한 모든 가르침을 일상 속에서 실천하는 것입니다.

천수경 안에는 우리가 일상에서 쉽게 실천할 수 있는 다양한 수행법이 담겨 있습니다. 하루에 단 몇 분이라도 정성스럽게 천수경을 독송하며, 마음을 가다듬고 일상의 모든 행동을 수행의 일부로 바라보는 습관이 중요합니다. 이런 수행을 꾸준히 실천하면 우리의 마음은 점차 고요해지고 삶의 질서가 잡히며, 결국 모든 행동과 말이 깨달음으로 향하는 길이 됩니다.

천수경의 가르침을 깊이 이해하고 꾸준히 실천하다 보면 자비와 지혜, 참회와 수행의 길이 자연스럽게 우리의 삶 속에서 하나로 연결됩니다. 어려운 일이 생기거나 마음이 복잡할 때마다 천수경을 독송하는 작은 실천이 큰 변화를 가져올 것입니다. 천수경은 그렇게 삶 속에서 살아 숨 쉬는 가르침이자, 우리의 마음과 삶을 맑고 밝은 방향으로 이끌어주는 소중한 수행법이 됩니다.

이제부터 천수경의 자비, 지혜, 참회, 수행의 네 가지 핵심 가르침을 보다 깊고 세밀하게 하나씩 살펴보며, 우리의 삶과 어떻게 연결하고 실천할 수 있을지 함께 생각해보도록 하겠습니다.

2. 자비(慈悲) - 관세음보살의 가르침과 실천

천수경은 관세음보살의 무한한 원력(願力)을 찬탄하는 대표적인 경전입니다. 관세음보살은 한량없는 자비를 품고, 언제 어디서나 중생이 부르면 즉시 그 자리에 나타나 그들의 괴로움을 덜어주는 보살입니다. 삶이 힘들고 지칠 때, 우리가 관세음보살의 이름을 부르면 반드시 그 응답을 받을 수 있다는 깊은 믿음과 희망이 바로 천수경의 핵심입니다.

우리 삶은 끊임없이 변화하며, 기쁨과 슬픔이 교차합니다. 때로는 누구도 대신할 수 없는 어려움과 고통을 만나기도 합니다. 바로 그런 순간, 진정한 위로와 평화를 가져다주는 힘이 바로 '자비'입니다. 자비는 단지 친절하고 상냥한 마음을 넘어서, 상대의 아픔을 진심으로 내 아픔처럼 느끼고 함께하는 깊은 공감과 실천의 마음입니다. 관세음보살은 바로 이 자비를 가장 완벽하게 실천한 보살이며, 우리가 닮아가야 할 이상적인 수행자의 모습입니다. 천수경을 독송하는 이유는 단순히 개인의 소원을 이루려는 기도를 넘어서, 관세음보살의 위대한 자비를 배우고 그 자비를 매일의 삶 속에서 조금씩 실천해가기 위함입니다.

◎ 천수경 속 자비의 가르침

천수경의 가장 중심적인 가르침 중 하나인 신묘장구대다라니(神妙章句大陀羅尼)는 관세음보살의 신비롭고 강력한 자비의 힘을 담고 있습니다. 이 다라니는 단순히 주문을 외우는 것이 아니라, 우리 마음속에 깊은 자비의 에너지를 일깨워주는 수행입니다. 천수경을 독송하며 "관세음보살"이라는 명호를 부르는 순간, 우리는 관세음보살의 무한한 자비의 기운과 연결되고, 그 따뜻한 기운을 우리 마음 깊이 받아들이게 됩니다. 관세음보살의 이름을 부르는 행위 자체가 우리 마음에 자비를 심고 키워가는 수행입니다. 천수경을 꾸준히 독송할수록 우리의 내면은 조금씩 관세음보살과 닮아갑니다.

관세음보살은 저 멀리 높은 곳에만 계신 존재가 아닙니다. 바로 우리 마음속에 이미 자리 잡고 있는 자비심의 씨앗이며, 언제든 우리가 마음의 문을 열기만 하면 바로 그 자리에서 만날 수 있는 보살입니다. 천수경 독송은 우리 마음에 이미 깃들어 있는 자비를 깨우고, 그 마음을 세상으로 펼쳐나가도록 돕는 실천적인 수행법입니다. 천수경 수행을 지속하면, 우리는 조금씩 타인의 고통을 내 고통처럼 느끼며, 그들을 진심으로 위로하고 도와줄 수 있는 마음의 힘을 얻게 됩니다.

◎ 자비를 실천하는 구체적인 방법

자비는 결코 거창하거나 어려운 수행이 아닙니다. 멀리 있는 이론이 아니라, 지금 이 순간 우리 주변에서 실천할 수 있는 작고 소박한 행동입니다. 천수경의 가르침 속 자비는 우리 일상 속에서 언제든지 실천 가능한 따뜻한 마음입니다.

일상에서 작은 실천을 통해 관세음보살의 자비를 닮아갈

수 있습니다. 어렵고 힘든 상황에 놓인 사람을 만났을 때, 외면하지 않고 작은 도움의 손길이라도 먼저 내밀어보면 어떨까요? 꼭 물질적인 도움만을 의미하지는 않습니다. 진심 어린 말 한 마디, 진정한 공감과 따뜻한 눈빛만으로도 충분히 상대방의 마음을 위로할 수 있습니다. 주변 사람들에게 먼저 말을 걸어주고, 그들의 이야기를 진심으로 들어주는 것도 훌륭한 자비 실천입니다.

천수경의 자비는 하루에 단 한 번이라도 누군가에게 진심 어린 관심과 배려를 전하는 것에서 시작될 수 있습니다. 천수경 독송을 마친 후, 작은 선행 하나를 실천하는 습관을 들여보는 건 어떨까요? 그것이 바로 관세음보살의 자비에 가까워지는 첫걸음이 될 것입니다. 그렇게 하루하루 작은 자비의 실천을 쌓아갈 때, 우리의 삶 자체가 관세음보살의 자비로운 길 위에 있음을 자연스럽게 느끼게 될 것입니다.

이렇게 천수경이 전하는 자비를 실천할 때, 우리의 삶과 주변이 점점 더 밝고 따뜻해지며, 우리 마음속에는 깊은 평화와 기쁨이 자라날 것입니다. 천수경을 녹송하며 자비를 실천하는 매일매일의 삶이 진정한 수행의 길이 되기를 진심으로 기원합니다.

3. 지혜(智慧) - 삶을 바르게 이해하는 힘

불교에서 말하는 지혜(智慧)는 흔히 우리가 생각하는 단순한 지식이나 정보를 뛰어넘는 깊고 근본적인 통찰의 힘을 의미합니다. 참된 지혜는 삶의 겉모습을 넘어 그 속에 담긴 본질과 진실을 꿰뚫어 볼 수 있는 마음의 눈입니다. 이 지혜가 있을 때 우리는 일상에서 겪는 크고 작은 번뇌와 고통, 혼란으로부터 점차 자유로워지며, 더욱 평화롭고 행복한 삶을 살아갈 수 있습니다.

천수경은 단순히 읽기만 하는 경전이 아니라, 우리 마음 깊숙한 곳에 잠재된 이 지혜를 일깨우고 발전시키기 위한 훌륭한 수행법이 됩니다. 천수경을 꾸준히 독송하다 보면 마음의 번잡함과 불안감이 점차 가라앉으면서 고요해지고, 삶을 바라보는 시야가 놀랍게 넓어지는 경험을 하게 됩니다. 마치 탁한 물이 가만히 놓아두면 점차 맑아지듯이, 우리의 마음도 천수경 수행을 통해 혼탁함을 벗고 맑고 투명한 지혜의 상태로 변화하게 됩니다.

◎ 천수경 속 지혜의 가르침

천수경에는 여러 개의 진언과 다라니가 등장하지만, 그 가운데 지혜의 문을 여는 특별한 진언이 있습니다. 바로 '개법장진언(開法藏眞言)'입니다. 이 진언을 독송하면, 우리 마음 안에 닫혀 있던 법(法)의 문이 활짝 열리고, 깨달음을 향한 진정한 지혜의 길로 나아갈 준비가 시작됩니다. '법장(法藏)'이란 불교의 깊고 넓은 가르침이 저장된 보물 창고를 뜻합니다. 이 진언을 독송하면서 우리는 그 보물 창고의 문을 열고 그 안에 담긴 참된 지혜의 보석들을 하나하나 발견하게 됩니다.

천수경에서 강조하는 지혜는 반야(般若)의 지혜입니다. 반야란 단지 지적인 이해를 넘어선, 모든 현상의 본질과 허상을 명확히 보고 깨닫는 통찰의 힘입니다. 이 반야의 지혜를 통해 우리는 삶의 근본적인 문제, 즉 괴로움과 집착, 욕망과 번뇌가 어디서 오는지 정확히 깨닫게 됩니다. 반야의 지혜가 깊어질수록 마음의 집착과 번뇌를 자연스럽게 놓아버릴 수 있게 되고, 더 이상 삶의 소용돌이에 휘둘리지 않으며 내면의 자유를 얻게 됩니다.

천수경을 꾸준히 독송하며 수행을 지속하면 어느 순간 우리는 삶의 본질에 대한 깊은 통찰을 얻게 됩니다. 더 이상 겉모습이나 순간의 감정에 집착하지 않고, 중요한 것과 그렇지 않은 것을 명확하게 구분하는 지혜가 자연스럽게 마음속에 자리 잡게 됩니다. 이를 통해 우리의 삶은 훨씬 더 간결하고 명료해지며, 정신적으로 풍요롭고 안정된 삶을 살아갈 수 있게 됩니다.

◎ 지혜를 실천하는 구체적인 방법

그렇다면 천수경을 통해 얻은 지혜를 일상생활에서 어떻게 구체적으로 실천해갈 수 있을까요? 지혜의 실천은 어렵거나 복잡한 일이 아닙니다. 먼저 일상의 작은 상황에서도 순간의 감정이나 충동에 휘둘리지 않고 잠시 한 걸음 물러서서 상황을 객관적으로 바라보는 습관을 가져보는 것이 좋습니다. 마음의 평정심을 유지하며 잠시 호흡을 가다듬고 상황을 차분히 바라보면 우리가 처한 현실을 더 명확히 볼 수 있고, 현명한 판단을 내릴 수 있는 힘을 얻게 됩니다.

자신에게 정기적으로 이런 질문을 던져보십시오.

"나는 지금 무엇을 위해 살고 있는가?"

"내 삶에서 정말 중요한 가치는 무엇인가?"

이러한 자기 성찰의 질문은 우리 삶의 방향을 바르게 잡아주는 길잡이가 될 것입니다. 또한 천수경을 독송할 때마다 마음속으로 조용히 자신에게 질문해보십시오.

"지금 나는 어떤 마음으로 살아가고 있는가?"

"내 마음이 바른 길을 향해 있는가?"

이러한 질문을 던지며 독송을 진행하면 천수경 독송이 단지 글자를 읽는 시간이 아니라, 스스로와 깊이 마주하고, 내면의 지혜를 깨우는 명상의 시간이 됩니다. 천수경 독송과 함께 매일의 작은 실천을 통해, 우리 안에 잠들어 있는 지혜의 씨앗이 자연스럽게 자라날 것입니다.

지혜는 결코 우리 바깥에서 찾는 것이 아닙니다. 이미 우리 마음 안에 본래 자리 잡고 있는 맑고 밝은 본성입니다. 천수경을 꾸준히 독송하며 그 가르침을 실천할 때, 우리는 진정한 지혜를 삶 속에서 회복하고, 더욱 바르고 행복한 삶을 살아갈 수 있게 됩니다.

이것이 천수경이 우리에게 주는 가장 소중한 지혜의 가르침입니다.

4. 참회(懺悔) - 과거의 업장을 소멸하고 새로운 삶을 열다

불교의 가르침에서 참회(懺悔)는 단순히 잘못을 반성하는 것을 넘어, 우리 삶의 방향을 근본적으로 새롭게 정립하는 중요한 수행입니다. 불교에서는 우리의 삶 전체가 우리가 짓고 쌓아온 업(業)에 의해 결정된다고 말합니다. 선한 생각과 말, 행동으로 좋은 업을 지으면 자연스럽게 행복과 좋은 인연이 찾아오지만, 나쁜 생각과 말, 행동으로 악한 업을 쌓으면 반드시 괴로움과 장애가 따라옵니다. 현재 우리가 경험하는 삶의 행복과 불행 모두가 과거 우리가 지어온 업의 결과라고 할 수 있습니다. 따라서 지금 이 순간, 참회를 통해 과거의 잘못을 깨닫고, 그 업장을 정화하여 새로운 삶을 열어가는 것이 매우 중요합니다.

◎ **천수경 속 참회의 가르침**

천수경은 단순히 외우는 주문이나 기도문이 아닙니다. 그 안에는 우리가 무의식적으로, 혹은 의도적으로 지었던 나쁜 업을 씻어내고, 깨끗하고 청정한 삶으로 나아가기 위한 구체적인 참회의 가르침이 깊이 담겨 있습니다. 천수경을 독송하는 행위 자체가 바로 참회 수행입니다.

특히 정구업진언(淨口業眞言)은 우리가 말로 지은 업을 깨끗이 정화하는 강력한 힘을 가진 진언입니다. 우리는 평소 무심코 상대방에게 상처 주는 말을 하거나, 부정적인 생각을 표현할 때가 많습니다. 이러한 말의 업은 자신도 모르게 쌓여서 우리 삶에 장애가 됩니다. 하지만 정구업진언을 독송하면 우리의 말과 생각이 정화되고, 자신도 모르는 사이에 마음이 편안해지고 관계가 개선되는 경험을 하게 됩니다.

또한 천수경 안에는 참회게(懺悔偈)가 들어 있습니다. 참회게는 자신이 지은 모든 잘못을 마음 깊이 인정하고 진심으로 뉘우치며 다시는 반복하지 않겠다는 강한 결심을 담은 구절입니다. 천수경 독송을 통해 참회게를 진심으로 읊으면 과거의 잘못이 하나씩 드러나고, 그 업장으로부터 해방되는 길이 열리기 시작합니다. 참회게의 참된 목적은 단순히 반성에 머무는 것이 아니라, 과거를 정리하고 새로운 삶의 문을 활짝 여는 것입니다.

그리고 이러한 참회를 보다 강력하게 만드는 것이 바로 천수경 속의 사홍서원(四弘誓願) 입니다. 사홍서원은 자신의 깨달음뿐만 아니라 모든 중생과 함께 깨달음으로 나아가겠다는 강력한 다짐이며, 참회를 통해 열리는 새로운 삶의 방향을 명확하게 제시합니다. 즉, 참회는 과거를 정리하는 행위이고, 사홍서원은 그 정리된 마음으로 새롭게 나아갈 방향을 제시하는 길입니다.

◎ 참회를 일상에서 실천하는 방법

그렇다면 천수경에서 배운 이 소중한 참회의 가르침을 우리는 어떻게 일상에서 실천할 수 있을까요?

하루를 마무리하는 시간에 잠시 조용히 자리에 앉아, 오늘 하루의 나를 돌아보는 시간을 가져보기를 권합니다. 오늘 하루 내가 했던 말과 행동을 천천히 돌아보며, 마음에 걸리는 일이 있었다면 그 순간을 진심으로 참회하는 마음을 가져보십시오. 잘못을 부정하거나 회피하지 않고 솔직히 인정하며, 앞으로 어떻게 개선할지 구체적으로 생각해보십시오.

이러한 작은 참회의 시간이 매일 반복되다 보면, 우리의 마음과 삶은 조금씩 더 밝고 긍정적인 방향으로 바뀌게 될 것입니다. 참회는 자신을 탓하거나 괴롭히는 부정적인 것이 아니라, 스스로를 치유하고 내면을 밝히는 긍정적인 수행임을 기억해야 합니다. 참회를 통해 우리는 과거의 짐에서 벗어나 더욱 자유롭고 밝은 미래를 향해 나아갈 수 있게 됩니다.

천수경을 독송할 때마다 마음속으로 이렇게 조용히 기도해 보길 제안합니다.

"오늘 하루 제가 몸과 말과 마음으로 지은 모든 나쁜 업을 진심으로 참회합니다. 부디 관세음보살의 자비로운 가피로 저의 마음을 맑고 밝게 정화하여주시고, 앞으로 더욱 선하고 바른 삶을 살아갈 수 있도록 인도하여주십시오."

이러한 진심 어린 참회를 꾸준히 실천하다 보면 어느새 과거의 업장들은 자연스럽게 정화되고, 우리의 삶이 점점 더 긍정적이고 밝은 모습으로 변화해나가는 것을 분명히 느낄 수 있을 것입니다.

천수경 참회 수행을 통해, 우리 모두의 삶이 더욱 맑고 밝아지며, 과거의 무거운 업을 벗고 희망차고 밝은 미래로 나아가기를 진심으로 기원합니다.

5. 수행(修行) - 깨달음으로 나아가는 삶의 실천

불교에서 말하는 깨달음이란 어느 날 갑자기 찾아오는 행운이나 한순간의 기적으로 이루어지는 것이 아닙니다. 진정한 깨달음은 일상 속에서 지속적으로 마음을 다스리고 성실히 수행을 실천할 때 비로소 얻어지는 값진 열매입니다. 수행이라는 말은 어렵고 특별한 것이 아니라, 우리가 살아가는 매 순간 정성을 다해 살아가는 것, 바로 그 자체를 의미합니다. 누구나 일상 속에서 조금만 마음을 내면 수행을 통해 삶을 바르게 변화시킬 수 있습니다.

◎ 천수경 속 수행의 가르침

천수경은 단지 독송하는 기도문을 넘어서, 우리 일상에서 어떻게 수행을 이어가야 하는지 명확한 길을 제시하는 경전입니다. 천수경에 담긴 다양한 진언과 다라니는 모두 수행의 힘을 키우고 내면을 정화하여 깨달음으로 향하는 길을 닦아 줍니다.

그중에서도 특히 여래십대발원문(如來十大發願文)은 천수경의 핵심 수행법 중 하나입니다. 여래십대발원문을 독송하며 우리는 불자로서 어떻게 살아가야 할지에 대한 열 가지 명확한 원력을 세우게 됩니다. 이 원력들은 나 자신만을 위한 개인적인 목표를 넘어, 모든 중생이 행복하고 깨달음을 얻을 수 있도록 돕겠다는 큰 뜻을 담고 있습니다. 여래십대발원문을 통해 세운 이 발원들은 우리 삶의 방향을 더욱 밝고 긍정적인 곳으로 이끌어갑니다.

또한 천수경의 정법계진언(淨法界眞言)을 꾸준히 독송하면 우리 마음과 삶의 주변 환경을 맑게 정화할 수 있습니다. 정법계진언은 말 그대로 우리가 살아가는 법계(法界), 즉 이 세상 전체를 정화하여 깨달음의 세계로 나아가는 힘을 가진 진언입니다. 이 진언을 정성껏 독송하면, 자연스럽게 마음속의 불안과 번뇌가 줄어들고 주변 환경까지 밝고 긍정적으로 변화하는 것을 체험하게 됩니다. 결국 나의 삶 전체가 하나의 커다란 수행 도량이 되는 것입니다.

◎ 수행을 일상에서 실천하는 방법

그러면 우리는 구체적으로 어떻게 천수경의 가르침을 일상에서 실천하면 좋을까요?

먼저, 하루 중 조용한 시간을 선택하여 잠시라도 천수경을 독송하는 작은 습관을 가져보기를 권합니다. 아침의 맑은 마음으로 하루를 시작할 때나, 저녁에 하루를 마무리할 때 독송하는 것이 좋습니다. 처음에는 어색하게 느껴질 수 있지만, 꾸준히 실천하다 보면 천수경의 깊은 의미가 마음속에 스며들어 수행의 힘이 저절로 커지게 됩니다.

둘째, 일상생활 속에서 자신이 무엇에 집착하고 있는지 자주 관찰해보십시오. 우리는 종종 아주 작은 일에도 마음이 흔들리고 쉽게 집착하게 됩니다. 천수경을 수행하면서 마음이 복잡하거나 화가 날 때, 잠시 멈추고 이렇게 스스로 질문해보는 것이 좋습니다.

"나는 지금 무엇에 집착하고 있는가?"

"이 집착이 나에게 진정한 행복을 주는가?"

이런 질문을 스스로 던지며 자신의 마음을 관찰하면, 집착이 사라지고 마음이 점차 고요하고 편안해지는 경험을 하게 될 것입니다.

마지막으로 중요한 것은 우리의 삶 자체가 수행이라는 사실을 기억하는 것입니다. 수행은 특별한 장소나 시간에만 이루어지는 것이 아닙니다. 누군가와 대화를 나눌 때에도, 일을 할 때에도, 심지어 아주 사소한 행동 하나에도 진심을 담고 정성을 다하는 것이 바로 수행입니다. 그렇게 매 순간 마음을 다하면 어느새 삶 전체가 깨달음으로 나아가는 수행의 길이 될 것입니다.

매일 천수경을 독송하며 마음속으로 이렇게 작은 다짐을 실천해보길 권합니다.

"오늘 하루도 수행자의 마음으로 진실하고 정성스럽게 살아가겠습니다. 나의 모든 말과 행동이 관세음보살의 자비와 지혜를 닮아가는 길임을 기억하며 살겠습니다."

이러한 작은 다짐과 실천이 쌓이면, 어느 순간 우리의 삶은 자연스럽게 수행과 깨달음의 길 위에 서 있게 됩니다. 천수경 수행은 멀리 있는 것이 아니라, 바로 지금 여기에서 시작됩니다. 천수경 수행을 통해 우리 모두가 맑고 밝은 깨달음의 길을 걸어가기를 진심으로 기원합니다.

6. 천수경을 통해 얻을 수 있는 최종적인 깨달음

천수경을 꾸준히 독송하고 진정한 수행으로 받아들이게 되면, 우리는 어느 순간 천수경이 단순히 기도의 도구가 아니라 삶 전체를 비추는 수행의 거울임을 깨닫게 됩니다. 처음에는 단지 주문을 따라 외우는 것으로 시작하지만, 시간이 지날수록 천수경의 가르침이 마음 깊은 곳에서 뿌리를 내려 내면의 놀라운 변화를 가져옵니다. 그 변화는 결국 우리 삶 전체의 진정한 깨달음으로 이어집니다.

그렇다면 천수경이 우리에게 전해주는 최종적인 깨달음은 무엇일까요? 그것은 다음의 네 가지로 요약할 수 있습니다.

첫 번째, 자비(慈悲)의 실천으로 모든 중생과 함께하는 삶입니다.

천수경을 독송하며 우리는 관세음보살의 자비로운 마음을 배우게 됩니다. 관세음보살은 중생의 괴로움에 귀 기울이고, 그 아픔을 즉시 덜어주는 보살입니다. 우리가 독송을 통해 그 마음을 닮아가다 보면, 내 주변 사람들과 세상 모든 중생들이 나와 다르지 않음을 느끼게 됩니다. 타인의 고통을 내 고통처럼 여기며, 작은 실천 하나라도 자비로운 마음으로 임하는 삶이 됩니다. 천수경의 수행은 결국 자비가 삶 속에서 꽃피도록 하는 것입니다.

두 번째, 지혜(智慧)를 터득하며 바르게 살아가는 삶입니다.

천수경을 통해 얻는 지혜는 일시적인 지식이 아니라 삶의 본질을 꿰뚫어 보는 통찰력입니다. 개법장진언이나 정법계진언과 같은 천수경의 진언을 꾸준히 독송하면, 우리는 삶의 헛된 집착에서 벗어나 진정 중요한 것이 무엇인지 선명히 보게 됩니다. 마음의 번뇌와 혼란이 사라지고, 삶의 여러 상황 속에서 바른 판단과 지혜로운 선택을 내릴 수 있게 됩니다. 이런 지혜가 깊어질수록 우리 삶은 자연스럽게 평화롭고 안정된 길로 나아갑니다.

세 번째, 참회(懺悔)를 통해 깨끗한 업을 쌓고 새로운 삶을 열어가는 것입니다.

천수경은 우리가 과거에 지었던 크고 작은 업장을 씻어낼 수 있는 강력한 수행법을 제공합니다. 정구업진언과 참회게를 통해 우리는 과거의 잘못을 진심으로 뉘우치고, 새롭게 다시 태어난 마음으로 살아갈 힘을 얻습니다. 참회는 자신의 잘못을 깨닫고 이를 정화하며, 다시금 밝고 맑은 마음으로 나아가는 매우 적극적인 수행입니다. 이를 통해 우리는 끊임없이 스스로를 갱신하며, 더 나은 삶을 향해 나아갈 수 있습니다.

네 번째, 꾸준한 수행을 통해 깨달음에 가까워지는 삶을 살아가는 것입니다

천수경 수행은 결국 우리 자신이 부처님의 가르침을 일상 속에서 실천하며 매 순간 깨어 있게 하는 데 있습니다. 하루 한 번이라도 독송하며, 그 의미를 마음속 깊이 되새기다 보면, 매 순간의 삶 자체가 수행으로 변하게 됩니다. 이렇게 순간순간 마음을 챙기며 꾸준히 수행을 실천하다 보면, 어느 순간 우리는 삶의 모든 것이 깨달음을 향한 소중한 길임을 자연스럽게 깨닫게 됩니다.

이 네 가지가 바로 천수경 수행을 통해 얻을 수 있는 궁극적인 깨달음입니다. 천수경을 독송하는 그 순간부터 우리는 이미 깨달음을 향한 길 위에 서 있는 것입니다. 우리가 독송하는 순간, 관세음보살의 무한한 자비와 지혜의 빛이 우리 마음에 스며들어 삶 전체를 밝게 비추게 됩니다.

그러니 바로 지금 이 순간, 잠시 마음을 가라앉히고 천수경을 정성스럽게 독송해보길 제안합니다. 급히 읽지 말고 천천히 한 글자 한 글자 음미하며, 그 맑고 밝은 울림이 내 마음 깊은 곳까지 조용히 퍼져나가는 것을 느껴보십시오. 그 울림이 점점 커져 나와 주변 모든 존재에게 전해지는 것을 느낄 때, 이미 우리는 깨달음의 길 위에 서 있음을 알게 될 것입니다.

모든 분들이 천수경의 진정한 수행을 통해 궁극적인 깨달음과 행복의 길로 나아가기를 진심으로 기원합니다.

3장

천수경의 전체 구성과 흐름
독송의 단계별 의미

1. 천수경, 왜 체계적인 구조로 이루어져 있을까?

천수경을 처음 독송하게 되면 다양한 진언(眞言)과 다라니(陀羅尼)가 순차적으로 등장하고, 일부는 반복적으로 등장하는 것을 알 수 있습니다. 처음 천수경을 접하는 분들은 이러한 구조에 대해 "왜 이렇게 많은 주문과 다라니가 포함되어 있을까?", "굳이 이 순서대로 독송해야만 하는 이유가 있을까?"라는 궁금증을 가지기도 합니다. 언뜻 보면 복잡한 구성처럼 느껴질 수도 있지만, 천수경은 결코 임의적으로 만들어진 경전이 아닙니다. 그 안에는 불교 수행의 전체적인 과정과 의미가 매우 체계적이고 치밀하게 담겨 있습니다.

천수경의 구성은 우리가 깨달음을 향한 수행의 길을 순차적으로 걸어갈 수 있도록 이끄는 지도와 같습니다. 각 부분은 수행 과정에서 반드시 거쳐야 하는 단계들을 의미 있게 배열한 것입니다. 천수경이 가지는 체계적인 흐름을 올바르게 이해하고 독송하면, 독송하는 동안 집중력이 높아지고 그 가르침이 마음에 더욱 깊이 스며들어 실질적인 수행 효과를 거두게 됩니다.

천수경의 전체 구조는 크게 네 가지 중요한 흐름으로 이루어져 있습니다.

① 수행을 준비하는 과정: 몸과 마음을 정화하는 단계

천수경은 독송 초반에 정구업진언, 오방내외안위제신진언과 같은 진언을 통해 우리 몸과 마음을 맑게 정화하고 수행할 준비를 갖추게 합니다. 수행이 깊어지려면 우선 우리의 몸과 마음이 청정해야 합니다. 따라서 천수경은 처음에 몸과 마음의 불필요한 잡념과 부정적 에너지를 씻어내고, 맑고 청정한 상태에서 본격적인 수행에 들어갈 수 있도록 준비시킵니다.

② 관세음보살을 찬탄하고 자비를 실천하는 과정

수행 준비를 마친 후 천수경의 핵심적인 부분으로 들어가면, 관세음보살의 무한한 자비와 가피를 찬탄하는 단계가 나옵니다. 신묘장구대다라니, 계수관음대비주 등은 모두 관세음보살의 자비와 지혜를 깊이 찬탄하며, 보살님의 자비가 우리 삶에 직접 닿을 수 있도록 기원하는 주문들입니다. 이 부분을 독송하며, 우리는 마음속에 자비의 씨앗을 심고, 관세음보살의 자비심을 닮아 타인을 돕고 실천하는 삶을 살아가게 됩니다.

③ 원력을 세우고 수행을 다짐하는 과정

천수경 중후반부에는 사홍서원과 여래십대발원문과 같은 발원(發願)의 단계가 포함되어 있습니다. 이 단계는 주문을 읽는 것을 넘어 불자로서 반드시 지녀야 할 서원을 세우고, 그 서원을 꼭 이루겠다고 스스로 다짐하는 구체적인 수행 과정입니다. 발원이 분명해야 수행 목표가 분명해지고, 목표가 분명해야 지속적으로 수행을 이어나갈 수 있습니다. 천수경은 이를 정확히 인지하고 발원의 중요성을 강조하며, 우리가 수행의 목표를 잃지 않도록 도와줍니다.

④ 수행을 마무리하고 법계를 청정하게 하는 과정

천수경 마지막 부분에 이르면 정법계진언과 같은 진언을 독송하며 수행 결과를 모든 중생과 함께 나누는 회향 단계로 이어집니다. 우리가 수행을 통해 얻은 모든 공덕을 자신만의 이익으로 한정하지 않고, 온 세상 모든 중생에게 돌려 법계(法界) 전체를 정화하고 밝게 만듭니다. 회향을 통해 우리의 수행이 더욱 깊어지고 그 가치는 몇 배로 확대됩니다.

이처럼 천수경의 구조와 흐름은 수행의 단계와 철학을 매우 정교하게 담고 있습니다. 이 흐름을 이해하고 수행에 임하면, 천수경 독송은 더 이상 단순한 기도가 아닌 매우 깊은 수행이 됩니다. 천수경의 체계적이고 섬세한 구성 덕분에 불자들은 독송을 통해 자신의 내면과 삶을 지속적으로 가꾸어나갈 수 있습니다.

이제부터 천수경의 각 단계를 더욱 자세히 살펴보고, 그 의미를 명확히 이해하여 일상에서 실제로 실천할 수 있는 수행으로 이어지도록 해보겠습니다.

2. 천수경의 전체 구성과 단계별 의미

천수경은 독송의 순시와 의미가 매우 체계적으로 구성된 경전입니다. 수행을 처음 시작하는 단계에서부터 수행을 마무리하고 그 공덕을 중생과 나누는 단계까지, 총 네 단계로 나누어져 있습니다. 각 단계의 진언과 다라니는 불교 수행의 핵심을 담고 있으며, 단계마다 명확한 의미와 수행법이 제시됩니다. 천수경의 전체 구성과 각 단계의 의미를 보다 자세히 살펴보겠습니다.

① 수행을 준비하는 과정: 몸과 마음을 정화하는 단계

천수경을 독송할 때 가장 먼저 해야 할 것은 우리의 몸과 마음을 깨끗하게 정화하고, 수행할 환경을 청정하게 만드는 것입니다. 이 단계는 마치 집을 청소하고 환기하는 것처럼, 마음속 번뇌와 혼탁한 생각들을 씻어내고 맑고 고요한 상태로 만들어 줍니다.

| 주요 진언 및 수행법 |

- **정구업진언(淨口業眞言)**: 입으로 지은 업을 정화하는 수행

말은 가장 쉽게 업을 지을 수 있는 도구입니다. 자기도 모르게 상처를 주는 말이나 부정적인 말을 하기 쉽습니다. 정구업진언을 독송하면 과거에 내가 했던 잘못된 말의 업을 깨끗이 씻어내고, 앞으로 더욱 바른 말을 하겠다는 깊은 다짐을 하게 됩니다. 독송할 때마다 마음속에 긍정적이고 선한 에너지가 자라납니다.

- **오방내외안위제신진언(五方內外安慰諸神眞言)**: 수행 공간을 정화하는 수행

수행은 깨끗한 환경에서 해야 더 깊고 명료한 효과를 얻을

수 있습니다. 이 진언을 독송하면 내가 수행하는 공간의 기운이 맑아지고, 주변의 부정적 에너지가 정화되어 수행 효과를 극대화합니다. 독송하는 동안 마음이 평화롭고 안정되는 느낌을 받게 됩니다.

- **개법장진언**(開法藏眞言): 법(法)의 문을 여는 수행

이 진언은 부처님의 진리를 배우기 위한 준비 단계로, 마음의 문을 활짝 열어 경전의 가르침을 온전히 받아들이겠다는 결심을 의미합니다. 독송하면 마음이 자연스럽게 부드러워지고 열린 마음으로 천수경의 깊은 가르침을 받아들일 준비가 됩니다.

이 단계에서 우리는 수행을 본격적으로 시작하기 위한 모든 준비를 완료합니다.

② 관세음보살을 찬탄하고 자비를 실천하는 과정

수행 준비를 마치면, 이제 관세음보살의 무한한 자비와 원력을 찬탄하며 마음 깊이 세기고 실천하는 단계로 들어갑니다.

| 주요 진언 및 수행법 |

- **계수관음대비주**(稽首觀音大悲呪): 관세음보살을 찬탄하고

따르는 마음

이 진언은 "관세음보살의 무한한 자비를 깊이 존경하고 따릅니다"라는 의미를 담고 있습니다. 이 진언을 독송할 때 관세음보살의 자비를 닮고자 하는 마음을 내면에서 일으키고, 자연스럽게 자비심을 실천하는 수행으로 이어집니다.

- 신묘장구대다라니(神妙章句大陀羅尼): 관세음보살의 가장 강력한 가피

신묘장구대다라니는 천수경에서 가장 핵심적인 주문입니다. 이 주문을 정성스럽게 독송하면 모든 두려움과 장애가 자연스럽게 사라지고, 관세음보살의 자비와 보호를 강력히 느낄 수 있습니다. 독송을 지속할수록 마음이 안정되고 수행의 힘이 깊어집니다.

- 준제진언(准提眞言): 소원을 성취하고 바른 길로 인도하는 수행법

이 진언은 관세음보살의 원력과 가피로 우리가 바라는 바를 이루고, 올바른 방향으로 나아갈 수 있도록 도와줍니다. 독송하면서 소망을 담아 기도하면 집중력이 높아지고, 삶의 장애가 제거되어 뜻하는 바가 이루어지는 경험을 하게 됩니다.

이 단계에서는 관세음보살의 자비를 깊이 이해하고 삶 속에서 실천하는 것이 중요합니다.

③ 원력을 세우고 수행을 다짐하는 과정

이 단계는 천수경 수행을 단순한 독송에서 멈추지 않고, 삶 속에서 구체적인 서원을 세워 실천으로 연결하는 매우 중요한 과정입니다.

| 주요 원력 및 수행법 |

- **사홍서원(四弘誓願)**: 불자의 네 가지 큰 서원

① 모든 중생을 제도하겠습니다.

② 번뇌를 끊겠습니다.

③ 부처님의 가르침을 배우겠습니다.

④ 깨달음을 이루겠습니다.

불자로서 가져야 할 가장 기본적인 다짐입니다. 독송하며, 자신의 삶을 어떻게 변화시킬지 구체적으로 생각하고 실천을 다짐합니다.

- **여래십대발원문(如來十大發願文)**: 열 가지 원력으로 삶을 변화시키다

이 발원문은 구체적으로 어떤 삶을 살고, 어떻게 깨달음을 실천할지 열 가지 서원을 통해 명확히 정리해줍니다. 탐욕과 분노, 어리석음을 벗어나고 깨달음을 향해 나아가며 중생을 구제하는 원력을 세우는 과정입니다.

이 단계에서는 서원을 세우고 실제 삶의 실천으로 연결하는 것이 핵심입니다.

④ 수행을 마무리하고 법계를 청정하게 하는 과정
천수경의 마지막 단계에서는 자신의 수행 결과를 모든 중생에게 돌려 법계 전체를 밝게 합니다.

| 주요 진언 및 수행법 |
- **정법계진언(淨法界眞言): 법계를 정화하는 수행**
수행의 마지막에 이 진언을 독송함으로써, 자신의 마음과 주변 세상을 맑고 깨끗하게 정화합니다.
- **회향(廻向): 공덕을 중생과 나누는 과정**
자신이 얻은 수행의 공덕을 모든 중생과 함께 나누겠다는 마음으로 회향하는 과정입니다. 수행은 나만을 위한 것이 아니라 모든 존재와 함께 행복을 나누기 위한 것임을 깊이 새기며 천수경 수행을 완성합니다.

이 네 단계를 차례로 이해하고 실천하면, 천수경 수행은 깊고 체계적인 삶의 수행이 됩니다.

3. 천수경을 더욱 효과적으로 독송하는 방법

천수경을 독송하는 일은 단지 글자를 따라 읽는 것을 넘어, 우리 삶을 밝고 맑게 변화시키는 중요한 수행입니다. 독송을 보다 깊이 있게 실천하기 위해서는 몇 가지 효과적인 방법을 기억하면 더욱 좋습니다.

① 천수경의 흐름과 의미를 충분히 이해하고 독송하기

천수경을 효과적으로 독송하려면 경전의 전체적인 구성과 흐름, 각 진언과 다라니가 담고 있는 깊은 뜻을 이해하는 것이 중요합니다. 경전의 내용을 잘 모른 채로 단순히 따라 읽기만 하면 독송이 형식적이고 습관적인 기도에 그칠 수 있습니다.

천수경 독송을 시작하기 전에 잠시 경전의 전체적인 구조와 각 단계가 의미하는 바를 떠올려보십시오. 진언 하나하나에 어떤 의미가 담겨 있는지 되새기면서 독송하면, 그 수행의 효과가 훨씬 깊어지고 마음의 변화도 더욱 명확히 느낄 수 있습니다.

예를 들어 정구업진언을 독송할 때는 "내가 지었던 나쁜 말의 업을 깨끗이 하겠습니다"라는 마음을 가지며, 신묘장구대다라니를 독송할 때는 "관세음보살의 자비로운 보호를 받으며 내 삶의 장애가 모두 사라집니다"라고 깊이 믿으며 읽으면 더욱 큰 가피를 경험하게 됩니다.

② 독송할 때 구체적인 원력을 세우고 실천으로 연결하기

천수경 독송의 핵심적인 부분 중 하나는 사홍서원과 여래 십대발원을 통해 자신의 삶에 실제로 적용할 수 있는 원력을 세우는 것입니다. 독송하면서 단순히 좋은 말을 반복하는 것이 아니라, "나는 이 원력을 어떻게 삶 속에서 실천할 것인가?"를 진지하게 고민해보십시오.

예를 들어 사홍서원을 읽을 때, 막연히 "중생을 구제하겠습니다"라고 말하는 대신 "오늘 하루 주변 사람들에게 친절한 말을 건네겠습니다", "힘든 사람에게 먼저 다가가 작은 도움을 베풀겠습니다"처럼 구체적으로 실천할 수 있는 서원을 세우는 것이 더욱 효과적입니다.

원력을 세우는 순간부터 우리의 일상생활이 곧 수행이 되고, 독송의 공덕이 현실 속에서 생생히 나타나게 됩니다. 작은 원력이라도 매일 실천하는 습관을 기르면, 천수경 수행의 효과는 점점 더 커지고 우리의 삶 전체가 변화합니다.

③ 독송 후에는 반드시 회향(廻向)하기

독송을 마무리한 뒤에는 반드시 수행의 공덕을 나 자신뿐 아니라 모든 중생과 나누는 마음으로 회향해야 합니다. 회향은 수행의 공덕을 확장시키고, 나 혼자의 행복이 아닌 모든 존재의 행복을 기원하는 귀중한 과정입니다.

독송을 끝낸 후, 잠시 눈을 감고 "오늘 내가 행한 이 독송과 수행의 공덕을 모든 중생들이 함께 나누어 모두가 행복해지기를 바랍니다"라고 마음 깊이 기도해보십시오. 이 회향의 마음이야말로 독송을 단지 개인적인 차원을 넘어 보다 넓은 세상을 위한 수행으로 만들어줍니다.

회향은 어렵거나 복잡한 것이 아닙니다. 독송 후 잠시라도 마음을 모아 모든 존재의 행복과 안녕을 기원하는 순간, 우리의 수행은 완전한 형태로 완성되며, 더 큰 가피와 축복으로 우리 삶에 돌아옵니다.

4장

천수경을 독송할 때의 마음가짐과 자세

> **1.** 천수경을 독송할 때, 어떤 마음으로 해야 할까?

　천수경 독송은 단지 경전을 읽는 의례적 행위나 주문을 외우는 간단한 기도가 아닙니다. 독송하는 순간이 바로 부처님의 가르침을 내 삶 속에 받아들이고, 내면의 지혜를 깨워 삶을 밝고 맑게 변화시키는 중요한 수행 시간입니다. 그러므로 독송할 때의 마음가짐과 자세는 그 수행의 효과와 깊이에 큰 영향을 미칩니다. 많은 불자분들이 이런 질문을 자주 합니다.
　"그냥 외우기만 하는 것과 정성을 다해 마음을 집중하는 독송은 어떻게 다를까요?"
　"독송할 때의 자세가 수행의 효과에 영향을 주나요?"

"천수경을 읽을 때는 꼭 염불하듯 천천히 해야만 좋은가요?"

이러한 궁금증은 매우 자연스러운 것이며, 실제로 중요한 질문입니다. 천수경을 독송할 때의 마음가짐과 자세는 수행의 효과를 크게 좌우하기 때문입니다.

우선 천수경을 독송할 때는 다음과 같은 마음을 가지는 것이 좋습니다.

"나는 지금 부처님의 가르침을 수행하고 있습니다."

"이 독송을 통해 부처님, 그리고 관세음보살과 연결되고 있습니다."

독송하는 이 순간이 특별한 수행 시간임을 기억하고, 마음을 다해 집중할 때 수행의 힘과 효과는 크게 달라집니다. 그냥 습관적으로 따라 읽는 것이 아니라, 한 구절 한 구절에 마음과 정성을 담아 독송할 때 천수경의 깊은 가르침은 우리 삶에 실제적인 변화를 가져오게 됩니다.

2. 독송할 때 갖추면 좋은 마음가짐과 자세

① 겸손하고 공경하는 마음

천수경 독송의 시작은 항상 겸손하고 공경하는 마음에서 출발해야 합니다. 부처님의 가르침과 관세음보살의 원력 앞에서 스스로를 낮추고, 열린 마음으로 경전을 받아들이겠다는 자세를 가지면 독송 효과는 더욱 깊어집니다. 내 자신이 부처님과 관세음보살의 무한한 자비와 지혜 앞에 있음을 기억하고 독송하십시오. 이런 마음을 가질 때 천수경의 가르침이 마음속 깊이 들어오고 수행의 힘이 강력해집니다.

② 맑고 고요한 집중의 마음

독송 중에는 가능한 한 잡념을 내려놓고, 오직 천수경에만 집중하는 마음을 가져야 합니다. 세상과 잠시 단절된 듯한 조용한 공간에서 마음을 차분히 가라앉히고 독송하면, 마음이 더욱 맑아지고 집중력이 깊어지면서 천수경의 깊은 의미를 더 잘 느끼게 됩니다. 마음이 복잡하거나 산만한 상태라면, 잠시 숨을 고르고 천천히 다시 시작하는 것도 좋습니다.

③ 진심 어린 간절한 마음

천수경을 독송할 때는 무엇보다 진심이 중요합니다. 부처님의 가르침을 따라 내가 어떻게 살고 싶은지, 어떤 소원을 이루고 싶은지를 마음속에 진심으로 품고 독송하십시오. 이러한 간절한 마음은 우리의 에너지를 맑게 정화시키고, 독송 효과를 크게 증대시킵니다. 특히 신묘장구대다라니나 준제진언을 독송할 때는 간절한 마음을 품고 읽는 것이 더욱 큰 수행의 힘을 발휘합니다.

④ 올바른 몸가짐과 자세

독송할 때의 몸가짐 또한 중요합니다. 몸과 마음은 긴밀히 연결되어 있기 때문에, 바른 자세를 갖추면 마음도 자연스럽게 안정됩니다. 등을 곧게 펴고 편안하게 앉아서, 숨을 천천히 고르고 독송을 시작하십시오. 손은 편안하게 모으거나 합장하고, 눈은 살며시 감거나 반쯤 감고 경전을 향해 마음을 집중하십시오. 바른 자세로 독송할 때 우리는 경전에 더욱 집중하게 되며, 수행 효과도 더욱 증폭됩니다.

⑤ 모든 중생과 함께 나누는 회향의 마음

독송을 끝낸 후에는 반드시 수행의 공덕을 나 자신뿐 아니라 모든 중생에게 나누는 마음으로 회향하십시오. 이 회향의 마음은 독송 효과를 더욱 크게 하고, 수행이 개인적 차원에서 끝나지 않고 더 넓은 세상을 위한 수행이 되게 합니다. 독송 후 잠시라도 이렇게 기도하십시오.

"이 수행으로 얻은 공덕을 모든 중생들이 함께 나누어, 모두가 행복과 평화를 얻기를 바랍니다."

이렇게 독송을 마무리하면 우리의 수행은 더욱 완전해지고 깊어집니다.

3. 천수경 독송의 올바른 마음가짐

천수경을 독송하는 것은 단순히 경전을 읽고 주문을 외우는 것 이상의 의미가 있습니다. 독송을 하는 순간은 내 마음과 부처님의 가르침이 직접 연결되는 소중한 수행의 시간입니다. 따라서 천수경을 독송할 때는 수행자로서의 진지하고 올바른 마음가짐을 갖추는 것이 무엇보다 중요합니다.

① 공경하는 마음(恭敬心): 부처님과의 깊은 연결

천수경은 그 자체로 부처님의 위대한 지혜와 자비를 그대로 담고 있는 경전입니다. 천수경을 독송할 때 가장 먼저 가져야 할 마음은 바로 '부처님을 향한 진정한 공경심'입니다. 이것은 경전을 읽는 순간 단순히 글자를 읽는 것이 아니라, 부처님의 가르침을 내 삶의 중심으로 받아들이고, 부처님과 직접 연결되는 소중한 순간이라는 인식을 갖는 것입니다.

- **실천 방법:**

천수경을 독송하기 전에 잠시 조용한 곳에서 편안히 앉아 가볍게 합장하고 삼배를 올리며 마음을 가다듬어보십시오. 그리고 마음속으로 이렇게 다짐해보십시오.

"이 순간 저는 부처님의 가르침을 듣고 배우며, 그 가르침을 내 삶에 온전히 받아들이겠습니다."

이렇게 진지한 마음으로 경전을 독송하면, 천수경의 가르침이 더욱 깊이 마음에 닿고 수행 효과도 배가될 것입니다.

② 집중하는 마음(專注心): 오롯이 경전에 몰입하기

천수경을 독송하다 보면 마음이 자주 산란해지고 여러 가지 잡념이 떠오를 수 있습니다. 하지만 수행의 핵심은 독송하는 이 순간만큼은 다른 어떤 것에도 마음을 뺏기지 않고, 오직 경전 자체에만 온전히 몰입하는 것입니다. 이 몰입의 마음이 깊어질 때 비로소 수행의 힘은 강력해지고 내면의 변화가 이루어집니다.

- **실천 방법:**

천수경 독송을 시작하기 전에 잠시 눈을 감고 천천히 숨을 고르며 마음을 진정시켜보십시오. 그렇게 마음이 고요해지면, 한 글자 한 글자 천천히 마음에 새기듯 독송해보십시오. 급하게 빨리 읽으려 하지 말고, 각 구절이 내 마음에 은은히 울려 퍼지도록 천천히 정성을 다해 읽어십시오. 그러면 마음의 산란함이 자연스럽게 줄어들고 천수경의 가르침에 더욱 깊이 집중할 수 있게 됩니다.

③ 발원하는 마음(發願心): 수행을 통해 이루고자 하는 다짐

천수경 독송은 단순한 기도가 아니라, 내 삶을 깨달음으로 인도하는 구체적인 수행입니다. 따라서 독송을 시작할 때는 항상 스스로에게 질문을 던져보는 것이 중요합니다.

"나는 어떤 마음으로 이 독송을 하고 있는가?"

"이 독송을 통해 나는 어떤 삶을 살고자 하는가?"

"나의 수행이 다른 이들에게도 도움이 될 수 있도록 어떻게 살아가야 하는가?"

이런 질문들을 마음속에 품고 발원하며 독송하면, 수행의 목적과 의미가 더욱 명확해지고 강력한 힘을 얻을 수 있습니다.

- **실천 방법:**

독송을 시작하기 전에 잠시 멈추어, 마음속으로 조용히 이렇게 기도해보십시오.

"이 독송의 수행으로 나뿐만 아니라 모든 중생들이 함께 행복과 깨달음의 길을 걷게 되기를 진심으로 바랍니다."

독송을 진행하는 동안에도 때때로 마음속으로 "지금 나는 어떤 마음으로 수행하고 있는가?" 되물어보십시오. 독송이 끝나고 나서는, 수행의 공덕을 반드시 모든 중생과 함께 나누겠다는 마음으로 회향하십시오.

"이 수행의 공덕을 모든 중생과 함께 나누어, 모두가 행복하고 평화로운 삶을 살기를 바랍니다."

이러한 마음가짐을 꾸준히 실천하면, 천수경 수행이 단지 나 자신을 위한 개인적인 행위에 그치지 않고, 더욱 크고 깊은 수행으로 확장되어갈 것입니다. 이것이 바로 천수경 독송을 통해 우리가 얻을 수 있는 참된 마음가짐이며 수행자로서 가져야 할 올바른 태도입니다.

4. 천수경 독송의 올바른 자세

천수경을 독송할 때는 마음가짐뿐 아니라 몸의 자세도 수행의 질에 큰 영향을 미칩니다. 올바른 자세를 유지하면 몸과 마음이 동시에 안정되어 경전의 의미를 더욱 깊이 느낄 수 있고, 수행 효과도 자연스럽게 높아집니다. 여기서는 천수경 독송 시 바른 자세를 유지하는 방법을 구체적으로 안내하겠습니다.

① 바른 자세로 앉기: 안정된 수행의 기초

수행의 기본은 안정되고 편안한 자세에서 시작됩니다. 바르게 앉는 자세는 마음의 집중을 도와주고 경전의 의미에 온전히 몰입할 수 있게 해줍니다.

- **정좌(正坐)를 하는 경우**에는 다리를 편안하게 포개고, 허리를 곧게 펴서 머리와 척추가 일직선이 되도록 자세를 유지하십시오.
- **의자에 앉아서 독송할 때**는 의자에 깊숙이 앉고, 등받이에 기대지 않은 상태로 허리를 바르게 세워주십시오. 두 발

바닥을 바닥에 편안히 내려놓으면 몸의 안정감을 더욱 높일 수 있습니다.

자세가 바로 잡히면 마음도 자연스레 고요해지고, 수행의 효과는 더욱 깊어집니다.

② 합장(合掌)하며 독송하기: 부처님을 향한 공경의 표현

합장은 단순한 손 모양이 아니라 부처님을 향한 깊은 공경심과 수행에 대한 진지한 마음가짐을 표현하는 자세입니다. 두 손바닥을 가슴 앞에서 가볍게 맞대고 손끝은 하늘을 향해 가지런히 모아주십시오. 합장하는 손은 너무 힘을 주지 말고 부드럽고 자연스럽게 유지하십시오.

합장을 하고 독송하면 경전의 가르침이 마음 깊숙이 전달되는 것을 느끼게 되며, 부처님께 정성스럽게 예를 올리는 듯한 기분으로 더욱 진지한 수행을 할 수 있게 됩니다.

③ 천천히, 또박또박 독송하기: 진언의 힘을 느끼며

천수경은 빨리 읽는 것이 아니라, 그 뜻과 의미를 마음에 새기며 천천히 독송하는 것이 중요합니다. 한 글자 한 글자를 정성껏 음미하듯이 또박또박 읽어나가십시오. 필요하다면 나지막한 목소리로 염불하듯 독송하는 것도 좋습니다.

빠르게 읽으면 마음이 분산되고 의미가 전달되지 않을 수

있지만, 천천히 또박또박 읽으면 자연스럽게 경전의 울림이 몸과 마음에 스며들어 수행의 깊이가 더욱 깊어집니다.

④ 들숨과 날숨을 의식하며 읽기: 호흡과 함께하는 독송

천수경 독송은 마음뿐만 아니라 호흡과도 깊이 연결됩니다. 자연스럽게 천천히 호흡하며 들숨과 날숨의 리듬에 맞추어 독송해보십시오. 호흡을 천천히 고르게 유지하며 독송하면 잡념이 사라지고 집중력이 크게 향상됩니다.

예를 들어, 천수경의 한 구절을 들숨에 시작하고, 다음 구절은 날숨에 이어가는 방식으로 독송하면 호흡과 경전의 가르침이 자연스럽게 하나가 됩니다. 호흡에 따라 천천히 독송하는 이 습관은 마음을 차분하게 다스리는 훌륭한 수행법입니다.

⑤ 정해진 시간과 공간에서 독송하기: 습관이 되는 수행

천수경 수행은 매일 일정한 시간과 공간에서 독송할 때 더욱 큰 효과를 얻을 수 있습니다. 수행이 일정한 습관으로 자리 잡게 되면 마음이 자연스럽게 수행 모드로 전환되기 때문입니다.

- 매일 아침이나 저녁 등 편안하게 정해진 시간에 수행을 시작하십시오.
- 집에서 독송할 때는 조용하고 깨끗한 작은 공간을 마련해보십시오. 부처님 상을 놓거나 촛불을 밝히는 것도 수행

의 집중력을 높이는 좋은 방법입니다.

이렇게 정해진 시간과 공간에서 꾸준히 독송하면 천수경 수행이 생활 속의 자연스러운 습관으로 자리 잡게 되고, 수행의 깊이는 더욱 깊어질 것입니다.

이러한 자세와 방법을 하나씩 실천하면 천수경 독송의 효과가 커지고, 경전이 주는 참된 가르침과 지혜가 우리 삶에 더욱 깊게 뿌리내리게 될 것입니다.

5. 천수경 독송을 더욱 효과적으로 하는 방법

천수경을 독송하는 것은 그 자체만으로도 훌륭한 수행이지만, 몇 가지 구체적인 실천 방법을 덧붙이면 독송의 효과를 더욱 깊이 체험할 수 있습니다. 다음에서 제안하는 방법들은 부담 없이 일상생활에서 쉽게 실천할 수 있으며, 천수경의 가르침을 삶과 더욱 밀접하게 연결시켜줄 것입니다.

① 독송 후, 5분간 조용한 명상 시간을 갖기

천수경 독송을 마친 직후, 바로 일상으로 돌아가기보다 잠시 자리에 앉아 마음을 고요히 하는 시간을 가져보는 것을 권합니다.

독송 후의 명상은 수행 중 느꼈던 가르침과 에너지가 마음에 더욱 깊이 자리 잡도록 도와줍니다.
- 조용한 자리에서 편안한 자세로 앉아 눈을 부드럽게 감습니다.
- 천수경을 독송한 후의 맑고 고요한 느낌을 천천히 음미하며, 마음과 몸이 편안하게 쉬는 상태를 유지합니다.
- 생각이 떠오르면 그대로 흘려보내고, 천수경의 가르침이 마음에 자연스럽게 스며들게 합니다.

이러한 간단한 5분 명상은 천수경 수행에 깊이를 더하고 일상의 스트레스와 번뇌를 줄이는 데 효과적입니다.

② 수행 노트를 작성하며 독송 기록 남기기

매일 천수경을 독송한 후, 짧게라도 수행 노트를 작성하면 독송 효과를 더욱 높일 수 있습니다. 수행 노트는 내면의 변화를 객관적으로 살펴볼 수 있게 하고, 수행을 지속하는 데 큰 도움이 됩니다.

- 노트에 독송한 날짜와 시간을 간단히 기록합니다.
- 독송하면서 마음에 와닿은 구절, 새롭게 깨달은 점, 혹은 느낀 감정 등을 짧게 메모해보십시오.
- 시간이 흐른 후 수행 노트를 다시 읽으면, 내 마음의 변화와 수행의 성장을 눈으로 확인할 수 있습니다.

수행 노트를 쓰는 습관은 천수경의 수행을 더욱 의미 있게 만들며, 수행에 대한 지속적인 동기 부여가 됩니다.

③ 매일 작은 원력을 세우고 독송하기

천수경 독송 전에 그날의 수행 원력과 서원을 스스로 정해보는 것도 좋습니다. 원력을 세우는 습관은 독송의 의미를 더욱 명확하게 하고, 수행이 실제 삶의 실천으로 이어지도록 도와줍니다.

- 독송 전에 마음속으로 스스로 작은 원력을 정합니다. 예를 들어, "오늘 하루는 자비로운 말을 실천하겠습니다", "화를 내지 않고 평화로운 마음을 유지하겠습니다", "가족과 주변 이웃을 위해 기도하겠습니다" 등 자신에게 맞는 서원을 세워보세요.
- 독송을 할 때 그 원력을 마음속에 간직하며 수행을 이어갑니다.
- 하루가 끝날 때 자신이 세운 원력을 돌아보며, 얼마나 실천했는지 점검하는 시간을 갖습니다.

이 작은 습관 하나가 쌓이면 수행의 힘이 더욱 견고해지고, 삶 속에서 천수경의 가르침이 실천될 것입니다.

④ 수행의 마무리를 회향으로 마치기

수행의 마지막을 회향의 마음으로 마무리하면 천수경 독송은 더욱 의미 깊어집니다. 회향이란 나 혼자만 수행의 공덕을 누리는 것이 아니라, 모든 중생과 함께 그 공덕을 나누는 아름다운 실천입니다.

- 천수경 독송이 끝난 후, 잠시 두 손을 모으고 조용히 기도합니다.

"이 독송의 모든 공덕이 나 자신뿐 아니라 모든 중생에게 두루 돌아가기를 바랍니다."

- 이렇게 회향하면 수행의 의미가 더욱 깊어지고, 내 주변까지 밝고 맑은 에너지가 퍼지는 것을 경험할 수 있습니다.

회향의 마음으로 독송을 마무리하면, 수행은 개인의 수행을 넘어 모두의 행복과 평화로 연결됩니다.

이제 천수경을 한 번 정성껏 독송해보길 권합니다. 소리 내어 차분히 읽어도 좋고, 조용히 마음속으로 읊어도 좋습니다. 경전의 맑은 울림이 여러분의 몸과 마음에 가득히 퍼지기를 진심으로 기원합니다.

6. 천수경을 바른 자세와 마음으로 독송하면…

천수경은 누구나 쉽게 접할 수 있지만, 단순히 읽는 것만으로는 수행의 깊은 효과를 온전히 누리기 어렵습니다. 그러나

바른 마음가짐과 올바른 자세로 정성껏 독송하면, 우리 삶의 구석구석에 자연스럽게 변화가 일어나고 수행의 참된 의미를 체험할 수 있습니다.

첫째, 마음이 점점 맑고 밝아지며, 불안과 걱정이 줄어듭니다.
천수경을 진심을 다해 독송할 때, 우리 내면의 복잡한 생각과 잡념들이 자연스럽게 정리되고 사라지는 것을 경험하게 됩니다. 마음이 고요해지고 맑아지면 일상에서 겪는 스트레스와 불안은 점점 힘을 잃게 되고, 평화롭고 안정된 상태로 살아갈 수 있는 힘이 생깁니다.

둘째, 정신이 맑아지고 삶의 방향이 정리됩니다.
천수경 독송을 꾸준히 하면, 순간의 감정이나 충동에 쉽게 흔들리지 않게 됩니다. 마음이 고요하면 자신이 처한 현실과 앞으로 나아가야 할 방향을 더욱 선명하게 바라볼 수 있습니다. 무언가에 쫓기듯 살아가는 것이 아니라, 지혜롭고 중심 잡힌 모습으로 삶을 살아갈 수 있는 것입니다.

셋째, 과거의 업장이 소멸되고 보호받는 기운이 생깁니다.
바른 마음으로 천수경을 독송하는 것은 과거에 지었던 크고 작은 잘못들을 깨끗하게 씻어내는 참회의 수행이기도 합니다. 마음이 정화되면 삶이 자연스레 원만해지고, 뜻하지 않게 마주했던 장애와 어려움들이 해소되는 경험을 하게 됩니다. 관세음보살의 가피로 인해 우리 삶에 보호받는 기운이 자라나고, 새로운 좋은 인연들도 자연스레 찾아옵니다.

이러한 변화는 우리가 천수경을 진정한 수행으로 삼고, 매일 바른 자세와 올바른 마음으로 독송할 때 경험할 수 있는 삶의 변화입니다. 이것이 바로 천수경 수행의 힘이며, 관세음보살이 우리 삶에 베푸는 크고 따뜻한 가피입니다.

부디 천수경 수행을 통해 여러분의 삶이 날마다 더욱 밝아지고, 그 밝은 마음이 여러분을 둘러싼 모든 이들에게까지 널리 전해지기를 진심으로 기원합니다.

2부

천수경의 주요 진언과 수행법

각 진언과 다라니의 의미, 수행법

1장

정구업진언
말의 업을 깨끗이 하는 수행

1. 말이 곧 업(業)이다: 정구업진언의 중요성

우리는 매일 수많은 말을 하며 살아갑니다. 말은 소통을 위한 도구만이 아니라, 우리의 삶에 직접적이고도 지속적인 영향을 미치는 중요한 행위입니다. 불교에서는 우리가 살아가면서 짓는 모든 행동(신업, 身業), 말(구업, 口業), 생각(의업, 意業)을 '업(業)'이라고 부르며, 이 중에서도 말의 업, 즉 구업(口業)은 가장 쉽게 짓고도 가장 큰 영향을 주는 업이라고 강조합니다.

부처님께서는 "입에서 나간 말은 반드시 업이 되어 돌아온다", "만 가지 화(禍)의 근본이 입에서 비롯된다"라고 말씀하셨습니다. 이처럼 한 마디 말이 다른 사람에게는 큰 힘과 용기가 될 수도 있고, 반대로 깊은 상처나 고통이 될 수도 있음을 우리 모두는 이미 경험으로 알고 있습니다.

정구업진언(淨口業眞言)은 천수경에서 가장 먼저 등장하는 진언 중 하나입니다. 이것은 우리가 가장 쉽게 짓게 되는 말의 업을 정화하여, 수행의 기초를 다지도록 돕는 중요한 역할을 합니다. 우리가 정구업진언을 독송하는 것은, 단지 입으로 주문을 반복하는 것이 아니라, 우리의 말이 가져오는 업의 중요성을 깊이 깨닫고 앞으로 바른 말을 하겠다는 진지한 다짐과 수행입니다.

천수경에서 왜 정구업진언을 가장 먼저 독송하는지, 그 이유를 조금 더 깊이 생각해보면 좋겠습니다. 우리의 마음은 보이지 않지만, 말은 마음에서 나오는 소리이며 형태입니다. 마음이 맑지 못하면 자연스럽게 말 또한 거칠어지고 상처를 주기 쉽습니다. 따라서 입으로 짓는 업을 먼저 깨끗이 씻어내야만, 이후의 수행이 더 깊어지고, 마음 또한 맑고 밝은 방향으로 나아갈 수 있게 됩니다.

그렇다면 정구업진언이란 구체적으로 어떤 의미가 있으며, 우리는 이 진언을 일상에서 어떻게 실천할 수 있을까요? 이 진언의 깊은 의미와 수행 방법을 차근차근 함께 살펴보겠습니다.

2. 정구업진언의 의미

수리 수리 마하수리 수수리 사바하 (3번 독송)

이 진언은 매우 짧고 간결하지만, 그 안에는 우리 입으로 지은 업을 깨끗이 정화하고, 앞으로는 오직 맑고 청정한 말만 하겠다는 깊은 서원과 바람이 담겨 있습니다.

구체적인 뜻을 하나씩 살펴보겠습니다.

- **수리(修利)**: '길상(吉祥)', 즉 좋은 일과 복된 일을 부르는 깨끗한 말, 상대방에게 이익이 되고 덕이 되는 말을 의미합니다. 우리가 매일 쓰는 말이 다른 사람에게 기쁨과 위로가 되는 복된 말이 되기를 기원하는 마음을 담고 있습니다.
- **마하수리(摩訶修利)**: '마하(摩訶)'는 크고 위대함을 뜻합니다. 따라서 '마하수리'는 크고 강력한 길상의 말, 보다 깊은 자비와 지혜가 담긴 위대한 말입니다. 단지 상대에게 기쁨만 주는 것이 아니라, 그 사람의 삶을 근본적으로 이롭게 하고, 진정한 깨달음의 방향으로 이끌어줄 말을 하겠다는 서원을 담고 있습니다.
- **수수리(修修利)**: '수수리'는 깨끗함을 반복하여 강조하는 말로, 완전한 청정함과 순수함을 나타냅니다. 즉, 단지 좋

고 유익한 말에서 멈추는 것이 아니라, 어떤 오염이나 혼탁함도 없는, 완벽히 깨끗하고 맑은 말만을 하겠다는 깊은 다짐을 표현합니다.

- **사바하(娑婆訶)**: '사바하'는 우리가 독송한 진언의 공덕과 바람이 원만히 이루어지고 성취되기를 기원하는 의미입니다. 진언을 독송한 이후, 그 공덕이 내 삶에 온전히 이루어지고, 주변의 모든 이들과 함께 나누어질 수 있도록 완성되는 단계입니다.

정리하면, 정구업진언의 전체적인 의미는 다음과 같습니다.
"앞으로 나의 입에서 나오는 모든 말이 길상스럽고, 위대하며, 완벽히 맑고 깨끗하기를 바랍니다. 또한 이러한 선한 말의 공덕이 원만하게 성취되어 나와 모든 중생에게 널리 회향되기를 바랍니다."

이 진언을 매일 진심을 담아 독송하면, 과거에 말로 지었던 나쁜 업들이 점차 정화되고, 앞으로는 자연스럽게 바르고 청정한 말을 하게 됩니다. 정구업진언 수행을 통해, 우리는 더 이상 말을 통해 상처나 갈등을 만드는 것이 아니라, 모든 이들에게 위로와 기쁨을 주는 아름다운 말로 삶을 밝히게 될 것입니다.

3. 우리가 말로 짓는 네 가지 큰 죄(구업, 口業)

부처님께서는 우리의 말이 얼마나 중요하고 무거운지 거듭 강조하시며, 특히 조심해야 할 네 가지 말의 잘못(口業)을 가르쳐주셨습니다. 이 네 가지를 잘 기억하고 실천하면 우리의 삶과 수행은 크게 향상될 수 있습니다.

① **망어(妄語): 거짓말**

망어는 진실이 아닌 것을 진실처럼 말하는 것으로, 스스로를 속이고 타인의 신뢰를 무너뜨리는 죄입니다. 처음에는 사소한 거짓말로 시작하지만, 반복될수록 습관이 되고 결국 진실과 거짓의 구분이 흐려지게 됩니다. 이는 결국 자기 자신마저 믿을 수 없는 상태로 만듭니다. 신뢰는 한번 깨지면 회복하기 어렵고, 거짓말이 쌓이면 결국 모든 인간관계와 자신의 삶을 무너뜨립니다.

② **양설(兩舌): 이간질**

양설이란 이 사람에게 가서는 저 사람을 흉보고, 저 사람에게 가서는 이 사람을 비방하는 식으로 말을 전하여 사람들 사이를 갈라놓고 분열시키는 말입니다. 자신은 무심코 던진 말이라 할지라도, 듣는 이들에게 깊은 상처를 주고 관계를 파괴합니다. 이런 말은 공동체 전체의 조화를 깨뜨리고 갈등을 유발하는 가장 큰 원인이 됩니다. 서로의 관계를 화합시키고 이해시키는 말이 아니라, 분열시키는 말을 피해야 합니다.

③ 악구(惡口): 남을 해치는 말

악구는 욕설이나 비난, 모욕적인 말처럼 다른 사람의 마음에 상처입히는 말을 뜻합니다. 한 번 입 밖으로 나온 말은 다시 주워 담을 수 없으며, 그 상처는 오래도록 남습니다. 악구는 상대방의 마음뿐만 아니라 내 마음에도 부정적인 감정과 원망을 쌓아가는 원인이 됩니다. 작은 불씨가 큰불을 일으키듯, 한 마디의 험한 말이 평생 돌이킬 수 없는 후회를 남기기도 합니다.

④ 기어(綺語): 쓸데없고 과장된 말

기어는 필요 없는 말을 하거나, 실제보다 과장하여 꾸미고 장식하는 말입니다. 무의미한 말을 반복하면, 자연스럽게 진실과 거짓의 경계가 모호해지고, 시간이 갈수록 신뢰를 잃게 됩니다. 또한 기어를 자주 하면 말의 가치가 떨어지고, 주변 사람들은 더 이상 내 말을 진지하게 듣지 않게 됩니다. 이는 삶에서 중요한 진실의 말조차 제대로 전달되지 못하는 결과를 가져올 수 있습니다.

우리가 이 네 가지 구업에 조금만 주의하고 실천하면, 자연스럽게 삶은 더욱 평화로워지고 원만해질 것입니다. 말을 하기 전에 잠시 멈추고 '내가 지금 하려는 말이 망어, 양설, 악구, 기어에 해당하지 않는가?'를 돌아보는 작은 습관을 가져 보십시오.

정구업진언을 꾸준히 독송하면 우리의 말이 자연스럽게 맑아지고, 더 이상 부정적인 말을 하지 않겠다는 다짐과 의지가 강화됩니다. 독송할 때마다 다음과 같이 마음속으로 기원해 보십시오.

"앞으로 나의 말이 언제나 진실되고 맑으며, 사람들 사이를 화합시키고, 위로와 격려가 되기를 바랍니다. 모든 중생이 내 말로 인해 상처받지 않고 오히려 힘과 용기를 얻을 수 있기를 간절히 기원합니다."

정구업진언과 함께 이렇게 바른 마음을 유지하며 수행하면, 우리가 짓는 구업은 자연히 깨끗해지고 우리의 삶은 더욱 밝고 맑아질 것입니다.

4. 정구업진언을 실천하는 방법

정구업진언의 진정한 수행은 독송과 함께 우리의 말과 마음을 변화시키는 구체적인 실천으로 연결되어야 더욱 깊은 효과를 얻을 수 있습니다. 천수경 수행이 단순히 주문을 암송하는 차원에 머물지 않도록, 일상 속에서 쉽게 실천할 수 있는 방법들을 다음과 같이 정리해보았습니다.

① 불필요한 말을 줄여보기

하루 동안 자신이 얼마나 필요 없는 말을 하고 있는지 한번 조용히 돌아보십시오. 아무 의미 없이 던진 말 한 마디가 상대방에게 상처가 되거나, 괜한 오해를 낳기도 합니다. 말을 많이 할수록 실수할 가능성도 높아지기 때문에, 말하기 전에 '이 말이 정말로 필요한가?'라고 자신에게 질문하는 습관을 들여보는 것이 좋습니다.

② 긍정적이고 따뜻한 말을 의식적으로 하기

비난하거나 부정적인 말 대신에, 의식적으로 긍정적이고 따뜻한 말을 선택해보십시오. 주변 사람들에게 "고맙습니다", "덕분입니다", "힘내세요", "괜찮아요", "좋은 일이 생길 거예요"와 같은 말을 자주 건네보는 것입니다. 처음엔 어색하게 느껴지더라도 꾸준히 하면 습관이 되고, 자신과 상대방 모두에게 따뜻한 에너지가 전해집니다. 이렇게 작은 말 한 마디가 큰 공덕이 됩니다.

③ 상대방의 말을 잘 들어주기

말하는 것만큼 중요한 것이 바로 잘 들어주는 것입니다. 상대방이 말할 때 그 말에 온전히 집중하고 공감하는 자세로 들어보십시오. 듣는다는 것은 상대방의 입장을 이해하고 존중하는 최고의 표현입니다. 말을 듣는 순간에도 구업을 줄이는 효과가 있으며, 상대방과 깊은 신뢰와 공감을 형성할 수 있습니다.

④ 말하기 전에 한 번 더 생각하기

말을 내뱉기 전에 잠시 멈추고, 스스로 두 가지 질문을 던져보는 습관을 가져보십시오.

- 이 말이 상대방에게 정말 도움이 될까?
- 이 말을 했을 때 내가 나중에 후회하지 않을까?

이 두 가지 질문만으로도 말의 질이 달라지고, 나도 모르게 나오는 잘못된 말들을 크게 줄일 수 있습니다. 이러한 작은 습관이 삶 전체를 밝고 긍정적인 방향으로 바꿔줍니다.

⑤ **매일 정구업진언을 독송하며 다짐하기**

하루에 단 한 번이라도 정구업진언을 진심으로 독송하며, 그 의미를 마음에 깊이 새겨보십시오. 이 순간이 바로 내가 오늘 하루 바른 말을 하겠다는 스스로와의 약속입니다. 작지만 꾸준한 습관으로 정구업진언을 독송하면, 말하는 습관이 바뀌고 결국 우리의 삶과 관계까지 놀랍도록 좋아지는 경험을 하게 됩니다.

이제 잠시 마음을 가다듬고, 지금 바로 정구업진언을 천천히 독송해보시기 바랍니다. 소리 내어 읽어도 좋고, 마음속으로 조용히 읊어도 좋습니다. 그 진언이 가진 맑은 울림과 정화의 힘을 몸과 마음 전체로 느껴보십시오.

수리 수리 마하수리 수수리 사바하 (3번 독송)

이 독송이 우리 모두의 삶을 더욱 깨끗하고 밝게 만들어주기를 간절히 기원합니다.

5. 정구업진언을 꾸준히 독송하면?

정구업진언을 꾸준히 독송하며 생활 속에서 실천하면, 우리 삶에는 놀라운 변화들이 자연스럽게 일어나게 됩니다. 말은 마음에서 나오고, 마음은 말로 드러납니다. 따라서 말이 정화되면 마음도 자연스레 깨끗하고 맑아지는 것입니다.

정구업진언 수행을 일상화할 때 나타나는 다섯 가지 중요한 변화는 다음과 같습니다.

① 마음이 안정되고, 말이 신중해진다

정구업진언을 매일 독송하다 보면 내면이 점차 고요해지고 평온해지는 것을 느끼게 됩니다. 불필요한 감정이나 충동적인 말이 줄어들고, 말을 할 때 더욱 신중하게 생각하며 표현하는 습관이 생깁니다. 마음이 차분해지면 그만큼 실수도 줄고 인간관계도 원만해집니다.

② 불필요한 말을 하지 않게 된다

우리가 평소 무의식적으로 내뱉는 쓸데없는 말, 남에게 상처 주는 말, 거짓말 등이 현저히 줄어듭니다. 말이 적어지면 실언을 하거나 타인에게 오해를 주는 일도 줄어들고, 자연히 갈등 상황이 감소하여 주변과의 관계가 개선됩니다.

③ 남을 비난하기보다, 칭찬과 격려의 말을 하게 된다

정구업진언 수행이 깊어질수록 부정적이고 비판적인 말보다 긍정적이고 따뜻한 말을 하게 됩니다. 말이 부드러워지고 타인을 칭찬하거나 격려하는 습관이 자연스레 몸에 배게 됩니다. 이러한 긍정적인 말 습관은 주변 사람들에게 기쁨과 용기를 주고, 결국 나 자신에게도 큰 행복을 가져옵니다.

④ 타인의 말을 진심으로 경청하게 되고, 존중의 마음이 커진다

정구업진언 수행이 일상화되면 상대방의 말에 집중하고 경청하는 태도가 자연스럽게 형성됩니다. 타인의 입장을 이해하고 공감하는 능력이 높아지고, 그들을 진심으로 존중하게 됩니다. 이런 태도는 주변 사람들과 더욱 깊은 신뢰와 소통을 만들어줍니다.

⑤ 좋은 말이 쌓이면, 좋은 인연이 찾아온다

말이 곧 인연을 만듭니다. 우리가 평소 좋은 말을 꾸준히 하면, 자연스럽게 긍정적인 에너지가 주변을 채우고, 좋은 인연들이 찾아옵니다. 사람들과의 관계가 따뜻해지고 삶의 모든 면에서 좋은 기회와 행운을 만나게 됩니다. 결국 좋은 말은 좋은 인연을, 좋은 인연은 행복한 삶을 가져옵니다.

이처럼 정구업진언을 독송하고 그 의미를 생활 속에서 꾸준히 실천하면, 말로 짓는 업이 청정해지고 삶 전체가 밝고 긍정적인 방향으로 변화하게 됩니다. 이것이 천수경 수행의 위대한 힘이자 정구업진언의 가피입니다. 오늘도 정구업진언 수행을 통해 여러분의 삶이 한층 더 맑고 밝아지기를 진심으로 기원합니다.

2장

오방내외안위제신진언
공간을 정화하는 힘

1. 수행하는 공간이 중요한 이유

불교에서는 수행하는 마음과 함께 수행하는 공간을 청정하게 유지하는 것이 중요하다고 가르칩니다. 왜냐하면 우리가 머무는 공간과 환경은 마음의 상태에 직접적으로 영향을 미치기 때문입니다. 깨끗하고 정돈된 공간에서 기도하고 수행하면 자연스럽게 마음도 고요하고 집중되지만, 어지럽고 부정적인 기운이 있는 공간에서는 수행이 방해받기 쉽습니다.

특히 사찰에서는 법회나 중요한 행사를 앞두고 항상 공간 정화의식을 진행합니다. 그것은 공간을 단지 물리적으로만 깨끗하게 하는 것이 아닙니다. 그 공간에 머무는 보이지 않는 존재들과 에너지를 정화하여 수행의 힘을 극대화하기 위한 것입니다.

수행의 깊이는 마음과 공간의 조화에서 나옵니다. 마음이 편안하고 집중할 수 있는 환경이 만들어질 때, 우리는 더 깊은 수행과 명상을 체험할 수 있게 됩니다. 바로 이때 우리가 독송하는 것이 천수경 속의 오방내외안위제신진언(五方內外安慰諸神眞言)입니다.

오방내외안위제신진언은 단순한 진언을 넘어서, 수행자가 있는 곳을 청정한 수행 공간으로 만들고, 수행자의 몸과 마음, 주변 환경까지 보호하며 부정적이고 어지러운 기운을 없애는 힘을 가지고 있습니다.

수행을 시작할 때 이 진언을 독송하면 자연스럽게 마음의 불안이 줄어들고, 그 공간이 맑고 평화로운 수행처로 바뀌는 것을 느낄 수 있습니다. 그럼 지금부터 오방내외안위제신진언이 어떤 힘과 의미를 지니고 있으며, 어떻게 이를 실천할 수 있는지 자세히 알아보도록 하겠습니다.

2. 오방내외안위제신진언의 의미

나무 사만다 못다남 옴 도로도로 지미 사바하 (3번 독송)

이 진언은 우리가 수행하는 공간에 깃든 보이지 않는 존재들과 신령(神靈)들을 위로하고, 그들이 우리를 보호하며 수행이 방해받지 않도록 하는 힘이 담겨 있습니다.

- **나무(南無)**: 귀의합니다. 즉, 깊은 마음으로 부처님께 공경하고 의지합니다.
- **사만다 못다남(三曼多 募多喃)**: 모든 부처님과 보살님, 그리고 온 우주의 성스러운 존재들께 깊이 귀의하고 존경의 마음을 표합니다.
- **옴(唵)**: 모든 부처님과 우주의 근원적인 에너지와 연결되는 신성한 소리로, 진언의 시작과 수행의 의도를 밝힙니다.
- **도로도로(都嚕都嚕)**: '두드려 깨운다'는 의미로, 수행 공간에 있는 보이지 않는 존재들과 신령들을 일깨워, 그들이 수행자의 마음과 수행 환경을 돕도록 청합니다.
- **지미(地尾)**: 신령들을 진심으로 위로하고 안정시키는 주문입니다. 그들을 편안하게 하여, 수행을 방해하지 않고 오히려 도와줄 수 있도록 하는 뜻을 담고 있습니다.
- **사바하(娑婆訶)**: '원만히 이루어지기를', '성취되기를' 뜻하는 마무리 주문으로, 진언을 독송하는 수행자의 발원이 순조롭게 성취되기를 바라는 마음입니다.

즉, 이 진언의 의미는 다음과 같이 정리할 수 있습니다.

"부처님과 온 우주에 계신 모든 신령과 성스러운 존재들께 귀의합니다. 이 공간에 머무는 모든 존재들이 편안하고 안정되기를 기원하며, 이곳이 수행을 위한 맑고 청정한 공간이 되기를 간절히 바랍니다."

이 진언을 정성껏 독송하면, 수행하는 공간은 청정해지고, 우리의 몸과 마음 또한 맑게 정화됩니다. 부정적이거나 방해되는 기운은 사라지고, 수행의 힘과 안정된 에너지가 우리 주변을 자연스럽게 감싸게 됩니다.

3. 불교에서 공간 정화가 중요한 이유

간혹 "마음을 닦는 수행에서, 왜 공간까지 정화해야 하나요?"라고 질문하시는 분들이 있습니다. 수행은 분명 우리의 마음을 정화하는 것이지만, 불교에서는 우리가 머무는 환경과 공간 또한 우리의 마음과 깊은 관련이 있다고 가르칩니다.

불교의 가르침에 따르면, 수행자는 혼자서 고립되어 수행하는 존재가 아닙니다. 보이지 않는 수많은 존재와 에너지가 우리가 살아가는 공간에 함께 존재하며, 수행의 성취에도 큰 영향을 미칩니다. 그래서 수행을 시작하기 전, 공간을 깨끗이 하고 보호하는 의식을 행하는 것입니다.

첫째, 공간을 정화하면 수행이 더욱 깊어집니다.

수행하는 공간이 어지럽거나 탁하면 자연히 우리의 마음도 어지러워지고 집중력이 떨어지게 됩니다. 반대로 공간이 맑고 깨끗하면 마음 또한 맑고 차분해지며 수행에 더욱 깊이 몰입할 수 있게 됩니다. 잡념과 산란한 마음이 줄어들어, 수행이 원만히 이루어질 수 있도록 도와줍니다.

둘째, 부정적인 기운을 없애고 보호의 힘을 얻습니다.

오방내외안위제신진언을 독송하면 공간에 머물러 있는 부정적이고 산만한 기운들이 정화되고, 그 자리에 긍정적이고 맑은 기운이 들어오게 됩니다. 이렇게 정화된 공간에서는 걱정과 불안감이 사라지고, 편안한 마음으로 수행에 전념할 수 있게 됩니다. 특히 오방내외안위제신진언은 공간에 깃든 보이지 않는 존재들을 위로하고 편안하게 하여 수행자가 보호받을 수 있도록 도와주는 역할도 합니다.

셋째, 법회나 기도를 시작하기 전에 공간의 기운을 맑게 합니다.

사찰에서는 항상 법회를 시작하기 전에 향을 피우고, 북과 목탁을 두드리며 공간을 정화하는 의식을 합니다. 이것은 참여하는 모든 이들의 마음을 하나로 모으고, 깨끗한 마음과 집중된 상태에서 부처님의 가르침을 받아들일 준비를 하도록 돕기 위함입니다. 천수경에서 오방내외안위제신진언을 독송하는 것도 같은 이유입니다. 수행 공간을 맑게 하고, 기도의 효과와 집중력을 높이는 최적의 환경을 만들기 위한 과정입니다.

결국 불교에서 공간 정화란, 단지 외형적인 청결을 유지하는 것에 그치는 것이 아니라, 우리의 내면과 외면을 함께 정화하는 깊은 수행의 일환입니다. 맑고 깨끗한 환경에서 수행할 때 비로소 우리의 마음도 맑아지고, 수행의 효과도 더욱 높아집니다. 이것이 불교에서 공간 정화가 중요한 이유이며, 오방내외안위제신진언의 진정한 가치입니다.

4. 오방내외안위제신진언을 실천하는 방법

오방내외안위제신진언은 우리의 수행 공간을 맑고 깨끗하게 정화하며, 마음을 안정시키고 집중력을 높이는 데 큰 도움이 됩니다. 이를 실천할 수 있는 방법을 공손한 마음으로 제안드리고자 합니다.

① 수행을 시작하기 전 진언 독송

천수경이나 기도를 시작하기 전에 이 진언을 마음을 담아 세 번 독송해보십시오. 짧은 시간이지만 수행 공간과 마음이 맑고 깨끗해지는 느낌을 받을 수 있을 것입니다. 이렇게 준비된 공간에서는 더욱 집중력 있게 기도와 수행을 이어갈 수 있게 됩니다.

② 수행 공간을 정리하고 정돈

법당이나 가정에서 수행할 장소를 늘 깨끗하게 유지하는 습관을 가져보십시오. 주변을 깔끔히 정리한 후, 향을 피우거나 촛불을 밝혀 공간의 분위기를 정화하면 수행이 더욱 깊어지고, 마음 또한 자연스럽게 고요해지는 경험을 하게 될 것입니다.

③ 부정적인 기운이 느껴질 때, 조용히 독송

때로는 특별한 이유 없이 불안하거나 마음이 편하지 않을 때가 있습니다. 그럴 때 오방내외안위제신진언을 천천히 독송해보십시오. 마음이 편안해지고 부정석인 생각이나 에너지가 사라지며, 다시금 밝고 긍정적인 마음을 회복하는 것을 느낄 수 있을 것입니다.

④ 하루의 시작과 마무리에 진언을 독송하는 습관

아침에 하루를 시작하기 전 독송하면, 그날 하루가 밝고 긍정적인 에너지로 가득 채워지는 것을 느낄 수 있을 것입니다. 저녁에 하루를 마무리하며 독송하면 하루 동안 쌓인 스트레스와 부정적 기운이 정화되어 편안한 마음으로 휴식과 잠을 취할 수 있습니다.

이렇게 오방내외안위제신진언을 일상에서 꾸준히 실천하면, 자연스럽게 마음의 안정과 평화가 찾아오고 수행의 힘이 깊어지게 됩니다.

지금 한 번 조용히 진언을 독송해보십시오. 소리 내어 읽어도 좋고, 마음속으로 읊어도 좋습니다. 진언의 맑고 깊은 울림이 몸과 마음을 깨끗이 정화하는 것을 느껴보시기 바랍니다.

5. 오방내외안위제신진언을 꾸준히 독송하면?

오방내외안위제신진언을 정성스럽게 꾸준히 독송하면, 자연스럽게 우리의 삶과 수행 공간에 긍정적이고 안정된 변화가 나타납니다. 이 진언의 가피(加被)는 보이지 않는 에너지의 흐름까지 바꿔 우리를 맑고 밝은 삶으로 인도해줍니다.

첫째, 수행 공간이 안정되고, 보호받는 느낌을 받게 됩니다.

이 진언을 지속적으로 독송하다 보면, 수행하는 공간이 저절로 안정되고 맑아지는 것을 느끼게 됩니다. 이유 없이 불안했던 공간이 편안하고 따뜻하게 변하는 경험을 하게 될 것입니다. 마치 보이지 않는 보호막이 형성된 듯 안정감을 얻게 되어 수행이 더욱 깊어지고 평온해집니다.

둘째, 불안하고 산만한 마음이 사라지고, 집중력이 높아집니다.

오방내외안위제신진언은 수행자의 마음을 고요히 안정시키고 집중력을 높이는 힘이 있습니다. 꾸준히 독송하면 마음속의 불안, 초조함이 점차 사라지고 자연스럽게 명료하고 안정된 마음상태로 변화됩니다. 이로 인해 일상에서도 마음의 중심을 쉽게 잡을 수 있게 됩니다.

셋째, 부정적인 기운이 사라지고 긍정적이고 밝은 에너지가 흐릅니다.

진언을 꾸준히 실천히면 수행 공간뿐 아니라 생활공간에서도 부정적인 기운이 차츰 사라지고, 밝고 긍정적인 에너지가 흘러들어옵니다. 이는 단순한 느낌이 아니라, 실제로 생활 속에서 나타나는 작은 변화들로 이어져, 가정이나 직장에서 인간관계와 환경이 더욱 좋아지는 경험을 하게 될 것입니다.

넷째, 집이나 직장에서도 긍정적이고 좋은 변화가 생깁니다.

수행의 가피는 수행 공간에서만 끝나지 않고 일상의 모든 곳으로 퍼져나갑니다. 꾸준히 오방내외안위제신진언을 독송하면 집이나 직장에서 예상치 못했던 긍정적인 변화가 나타납니다. 가족 간의 관계가 좋아지고, 업무 환경이 개선되며, 예상치 못했던 좋은 기회와 인연이 다가오는 경험도 하게 됩니다.

이러한 변화들은 한순간에 일어나는 것이 아니라 꾸준한 독송과 수행을 통해 서서히 그리고 분명하게 드러납니다. 이것이 바로 천수경 수행의 진정한 힘이며, 오방내외안위제신진언을 통해 우리가 받을 수 있는 관세음보살의 가피입니다.

부디 이 진언을 꾸준히 독송하여 여러분의 삶이 더욱 평화롭고 안정되며, 모든 수행의 공덕이 주변 모든 이들에게 함께 회향되기를 진심으로 기원합니다.

3장

개법장진언
법의 문을 여는 수행

1. 법(法)의 문을 연다는 것의 의미

　우리가 불교 수행을 하면서 경전을 독송할 때, 가장 중요한 것은 그 경전에 담긴 부처님의 가르침을 마음으로 온전히 받아들이고 실천하는 것입니다. 개법장진언(開法藏眞言)은 말 그대로 "부처님의 법(法)이 담긴 보물 창고를 활짝 연다"는 뜻을 담고 있습니다. 여기서 말하는 법(法)이란 단지 경전 속 문자로 기록된 가르침만을 의미하는 것이 아닙니다. 부처님의 가르침을 통해 우리 삶 전체가 수행의 장이 되고, 그 속에서 깨달음을 찾아가는 모든 길을 의미합니다.

　개법장진언을 독송하는 이유는 독송을 통해 우리 마음속

문을 열고, 부처님의 가르침이 깊숙이 자리 잡을 수 있도록 준비하는 것입니다. 이 진언을 독송할 때 우리 마음은 부처님 법과 깊이 연결되며, 그 연결을 통해 삶의 모든 순간을 진정한 수행의 시간으로 바꾸게 됩니다.

우리는 수많은 생각과 번뇌에 갇혀 살아갑니다. 개법장진언은 그런 혼란스러운 마음을 잠시 내려놓고, 부처님의 진정한 가르침에 집중할 수 있도록 돕는 역할을 합니다. 이 진언을 독송하는 순간, 우리 마음속 깊이 숨겨진 지혜의 문이 서서히 열리고, 부처님의 가르침이 맑은 빛처럼 우리 삶 속으로 흘러 들어오는 것입니다.

이처럼 개법장진언의 독송은 단순한 주문 암송이 아닌, 우리 마음의 준비이며 수행을 향한 진실된 다짐입니다. 그렇다면 이제부터 개법장진언이 지닌 깊은 의미와, 이 진언을 우리가 어떻게 실천적으로 활용할 수 있는지 살펴보겠습니다.

2. 개법장진언의 의미

옴 아라남 아라다 (3번 독송)

이 짧고 간결한 진언 속에는 매우 중요한 불교적 의미와 수행적 가르침이 담겨 있습니다.

- **옴(唵)**: 불교에서 모든 진언과 다라니의 근본이 되는 가장 신성한 소리입니다. '옴'이라는 한 음절에는 우주 만물이 함축되어 있고, 부처님과 바로 연결되는 강력한 수행의 힘이 담겨 있습니다. 우리가 이 소리를 독송하는 순간, 마음이 차분해지고 수행의 상태로 즉시 들어갈 수 있게 됩니다.
- **아라남(阿羅曩)**: 이 구절은 무쟁삼매(無諍三昧)를 뜻합니다. 무쟁삼매란 마음속에서 끊임없이 일어나는 갈등과 번뇌가 완전히 소멸된 고요하고 평온한 상태를 말합니다. 일상에서 우리가 겪는 스트레스, 걱정, 집착 등의 부정적인 감정이 진언 독송과 함께 사라지며, 마음이 텅 비고 깨끗한 상태로 준비되는 것을 의미합니다. 이렇게 마음이 맑고 깨끗해져야만 비로소 부처님의 가르침을 온전히 이해할 수 있게 됩니다.
- **아라다(阿羅陀)**: 만족과 충만함을 나타냅니다. 이것은 단지 물질적이거나 감각적인 만족이 아니라, 부처님의 법(法)을 온전히 받아들임으로써 얻게 되는 내면의 평화와 깨달음의 지혜를 의미합니다. 진정한 만족은 외부에서 오는 것이 아니라, 부처님의 가르침을 이해하고 삶에서 실천할 때 마음속에서 자연스럽게 일어나는 충만함과 기쁨을 말합니다.

결국 개법장진언의 전체적인 의미는 이렇습니다.

"이제 부처님의 법(法)의 문을 열겠습니다. 모든 번뇌와 갈등을 내려놓고, 마음을 고요히 하여 부처님의 가르침을 온전히 받아들이겠습니다. 이로 인해 마음의 진정한 만족과 지혜를 얻겠습니다."

이 진언을 독송할 때, 우리는 마음속 깊은 곳에서부터 부처님의 가르침이 천천히 열리고, 지혜의 문이 활짝 열리는 것을 느낄 수 있게 됩니다. 진언의 의미를 마음에 새기며 독송하면, 자연스럽게 우리의 수행이 더욱 깊어지고 삶에 밝은 지혜가 자리 잡게 되는 것입니다.

3. 법(法)의 문을 열지 못하면, 수행이 어렵다

우리는 때로 이런 의문을 갖습니다.

"경전을 매일 읽는데 왜 내 삶에는 변화가 없을까요?"

"열심히 수행을 해도 왜 여전히 번뇌에 흔들릴까요?"

이러한 고민의 근본 원인은, 우리가 법(法)의 문을 제대로 열지 못했기 때문입니다. 법을 받아들이는 마음의 문이 닫혀 있다면, 아무리 오랜 시간 수행해도 깊은 깨달음을 얻기 어렵습니다.

첫째, 법(法)의 문을 연다는 것은, 부처님의 가르침을 있는 그대로 받아들이는 것입니다.

우리 중에는 불편한 진실이나 자신에게 불리한 가르침을 외면하고 받아들이지 않으려는 경우가 많습니다. 마음이 열린다는 것은, 단지 자신이 원하는 말이나 듣기 편한 말만을 취하는 것이 아니라, 부처님의 가르침을 있는 그대로 받아들이고 삶 속에서 겸허히 실천할 준비가 되어 있다는 뜻입니다. 법을 배운다는 것은 단순히 지식을 얻는 게 아닙니다. 진정한 배움은 자신의 삶과 연결하여, "이 가르침은 지금 나의 삶에 어떤 의미를 주는가?"라고 깊이 되묻는 데서부터 시작됩니다.

둘째, 법(法)의 문이 열린 사람에게는 모든 순간이 수행이 됩니다.

불교 수행은 절이나 산속에서만 이루어지는 것이 아닙니다. 삶 자체가 곧 수행의 장이며, 하루하루의 일상이 바로 살아 있는 경전입니다. 마음이 법으로 열려 있는 사람은 일상에서 만나는 모든 사건과 사람, 어려움과 갈등조차도 가르침이 됩니다. 불편한 상황에서도 "부처님이라면 어떻게 하셨을까?" 하고 스스로 질문하며 지혜롭게 대처할 수 있게 됩니다.

셋째, 법(法)의 문이 닫혀 있으면 아무리 수행을 해도 마음이 흔들립니다.

아무리 좋은 경전을 읽고, 열심히 기도하고 독송한다 해도, 법을 받아들일 준비가 되어 있지 않으면 그 수행은 마음 깊이 자리 잡지 못합니다. 법을 받아들이려면 우리의 생각이나 욕심, 편견을 내려놓아야 합니다. 내 마음이 원하는 것만 받아들이려는 자세로는 진정한 수행의 길을 걷기 어렵습니다.

법의 문을 열지 않으면 아무리 수행을 오래 하더라도 삶은 여전히 흔들리고, 고통스러우며, 원하는 만큼 마음이 성장하지 못하게 됩니다. 수행이 깊어지고 삶이 밝아지기 위해서는 법의 문을 진정으로 열고 받아들여야 합니다.

이제 개법장진언을 독송하며, 부처님의 가르침을 온전히 받아들일 준비를 해보시기 바랍니다. 마음의 문을 활짝 열고 법의 울림을 가슴 깊이 느껴보십시오. 그렇게 할 때 비로소 우리의 수행은 깊어지고 진정한 변화의 길로 접어들게 됩니다.

4. 개법장진언을 실천하는 방법

첫 번째, 법문을 듣기 전에 개법장진언을 독송해보십시오.

부처님의 가르침을 듣거나 경전을 읽기 전에, 마음을 가라앉히고 개법장진언을 세 번 독송하면, 법을 받아들이는 마음의 문이 자연스럽게 열립니다. 이 작은 실천만으로도, 경전의 가르침이 더욱 깊고 선명하게 와닿는 경험을 하게 됩니다.

두 번째, 수행이나 기도를 시작하기 전에 활용해보십시오.

명상이나 기도 등 수행을 시작하기 전, 개법장진언을 독송하여 마음을 고요히 하면 집중력이 크게 향상됩니다. 마음이 산만하거나 집중이 어려운 날에는 이 진언이 특히 큰 도움이 될 것입니다.

세 번째, 공부하거나 책을 읽기 전에 독송해보십시오.

불교 공부뿐만 아니라, 일반적인 학습이나 책을 읽기 전에도 개법장진언을 활용할 수 있습니다. 독송 후 공부를 시작하면, 집중력이 높아지고 내용을 보다 깊이 있게 이해하고 받아들이는 경험을 할 수 있습니다.

네 번째, 일상에서 잠시라도 법의 문을 여는 시간을 가져보십시오.

하루 중 잠시라도 멈추어 서서, "나는 지금 어떤 마음으로 살아가고 있는가?"라고 스스로 물어보는 시간을 가져보는 것도 좋습니다. 이런 작은 성찰이 쌓이면, 일상이 자연스럽게 수행이 됩니다.

이제, 잠시 개법장진언을 독송해보기를 권해드립니다. 소리를 내어 독송해도 좋고, 마음속으로 조용히 읊어도 좋습니다. 그 울림이 부드럽게 마음 깊숙한 곳까지 전해지는 것을 느껴보시기 바랍니다. 그렇게 할 때, 진정으로 법의 문이 열리고 삶의 모든 순간이 수행의 길로 변하게 됩니다.

5. 개법장진언을 꾸준히 독송하면 어떤 변화가 생길까?

개법장진언은 수행의 문을 활짝 열어, 부처님의 가르침이 우리 마음 깊숙이 스며들도록 돕는 소중한 진언입니다. 처음에는 단지 짧은 주문처럼 느껴질지 모르지만, 꾸준히 독송하다 보면 마음속에서 점점 더 깊고 분명한 변화를 느낄 수 있습니다.

먼저, 이 진언을 지속적으로 독송할수록 우리의 마음이 더욱 고요해지고 맑아지는 것을 경험합니다. 법을 받아들이는 준비가 갖춰지지 않은 상태에서는 아무리 좋은 가르침을 들어도 진정한 깨달음을 얻기 어렵습니다. 그러나 개법장진언을 매일 독송하면, 부처님 말씀을 있는 그대로 받아들이는 열린 마음이 자연스럽게 형성됩니다.

또한 이 진언을 꾸준히 실천하다 보면 수행에 대한 집중력과 몰입도가 현저히 높아집니다. 같은 가르침이라도 우리의 마음 상태에 따라 전혀 다른 깨달음으로 다가옵니다. 개법장진언 독송을 통해 법을 받아들일 준비가 된 상태에서 수행하면, 더욱 깊고 풍요로운 배움의 기쁨을 얻을 수 있습니다.

뿐만 아니라 개법장진언을 매일의 습관으로 삼아 독송하면 일상생활 속에서 마주치는 모든 상황이 자연스럽게 수행으로 변화합니다. 일상에서 일어나는 크고 작은 일들이 더 이상 번뇌나 갈등으로 다가오는 것이 아니라, 자신을 성장시키는 소중한 법(法)의 가르침으로 느껴지기 시작합니다. 이것은 매우 놀라운 변화이며, 바로 진정한 수행자의 길입니다.

더 나아가 꾸준한 독송으로 인해 배움과 지혜가 깊어지면, 일상에서 마주하는 문제들을 더욱 현명하게 해결할 수 있게 됩니다. 과거에는 쉽게 흔들렸던 마음이 점점 단단해지고, 어떤 어려움 속에서도 평정심을 유지하며 현명한 판단을 내릴 수 있게 되는 것입니다.

개법장진언 수행을 통해 얻는 가장 큰 변화는 결국 삶 자체가 수행이 된다는 것입니다. 삶에서 벌어지는 모든 일을 마음공부의 기회로 여기게 되고, 매 순간을 감사와 지혜로 채우게 됩니다. 이렇게 되면 수행과 삶이 별개의 것이 아니라 완전히 하나로 어우러지는 통합의 경험을 하게 됩니다.

개법장진언을 꾸준히 독송하는 것은 부처님께서 우리에게 열어주신 법의 문으로 한 걸음 한 걸음 들어서는 것입니다. 그 문을 통과할 때마다 마음은 더욱 밝아지고, 삶의 모든 순간은 진정한 수행의 기회가 됩니다.

지금 바로 개법장진언을 독송해보십시오. 소리 내어 읊어도 좋고, 조용히 마음속으로 독송해도 좋습니다. 그 짧은 울림이 몸과 마음 전체에 깊게 스며드는 것을 느껴보시기 바랍니다. 이것이 바로 천수경 수행의 진정한 힘이자, 개법장진언이 주는 놀라운 가피입니다.

4장

계수관음대비주
관세음보살을 찬탄하는 마음

1. 관세음보살을 찬탄하는 이유

천수경은 전체가 관세음보살의 위대한 원력을 찬탄하고, 그 가피(加被)를 구하는 내용으로 이루어진 경전입니다. 특히 계수관음대비주(稽首觀音大悲呪)는 관세음보살의 자비로운 성품을 더욱 깊이 기리고, 우리가 그 자비의 원력을 본받아 삶을 변화시키겠다는 다짐을 담고 있는 중요한 게송입니다.

우리가 삶 속에서 관세음보살을 찬탄하는 이유는 단지 신앙적인 의례를 넘어, 관세음보살이 우리에게 보여주신 자비의 모범을 배우고 따라가기 위함입니다. 관세음보살은 일체 중생의 모든 고통과 괴로움을 결코 외면하지 않고, 그들의 소리를 귀 기울여 듣고 즉각적으로 구제하는 보살입니다. 그렇기에 우리는 그분을 "대자대비(大慈大悲)하신 보살님"이라고 부릅니다.

일상에서 우리는 수많은 어려움과 괴로움을 겪으며 살아갑니다. 그때마다 관세음보살의 이름을 부르며 도움을 청하는 이유는, 보살님의 무한한 자비심과 언제나 즉각적으로 우리에게 응답하시는 자비로운 원력을 신뢰하기 때문입니다. 관세음보살은 결코 멀리 계신 존재가 아니라, 언제나 우리 곁에 머무르며 고통받는 이들의 마음을 함께 아파하고, 함께 기도하며 위로해주는 자비의 상징입니다.

계수관음대비주를 정성스럽게 독송할 때, 우리는 관세음보살의 무한한 자비를 마음 깊숙이 느끼고 공감하게 됩니다. 이 게송을 통해 우리 마음속에서도 관세음보살과 같은 자비로운 마음이 싹트게 되고, 우리 자신도 조금씩 그 자비로운 모습을 닮아가게 됩니다.

관세음보살을 찬탄하는 수행은 우리 자신만을 위한 것이 아닙니다. 관세음보살이 세우신 원력처럼, 나 자신뿐 아니라 세상 모든 존재들이 함께 행복하고 평안하기를 기원하는 더 큰 마음을 키워나가는 것이 목적입니다. 관세음보살의 자비는 국적이나 종교, 인종을 초월하여 모든 존재를 향해 열려 있습니다. 우리 역시 계수관음대비주를 독송하며, 이 열린 마음과 자비의 정신을 삶에서 실천할 수 있게 됩니다.

이와 같이 관세음보살을 찬탄하는 것은 단순한 종교적 행위나 의례가 아니라, 우리가 관세음보살의 무한한 자비심을 배우고, 실천하며, 결국 나 자신과 세상 모든 존재의 행복을 함께 이루겠다는 깊은 서원의 표현입니다.

이제부터 계수관음대비주의 깊은 의미를 하나씩 살펴보고, 어떻게 수행할 때 더욱 효과적인지 함께 알아보겠습니다.

2. 계수관음대비주의 의미

계수관음대비주(稽首觀音大悲呪)
원력홍심상호신(願力弘深相好身)
천비장엄보호지(千臂莊嚴普護持)
천안광명변관조(千眼光明遍觀照)

이 네 줄의 짧은 게송 속에는 관세음보살의 위대하고도 무한한 자비심과 원력이 간결하면서도 깊이 있게 표현되어 있습니다. 하나의 구절마다 관세음보살의 따뜻하고 자비로운 성품과 넓고 깊은 원력, 그리고 무한한 자비의 실천이 담겨 있어서, 독송할 때마다 그 의미를 되새기면 더욱 깊은 수행이 될 수 있습니다.

- **계수관음대비주(稽首觀音大悲呪)**: "머리를 숙여 관세음보살의 크나큰 자비심을 찬탄합니다"라는 뜻입니다. 이는 우리가 진심으로 관세음보살 앞에 머리를 숙이고 그 무한한 자비와 위대함을 찬탄하며, 그 자비로운 마음을 본받겠다는 겸손한 자세의 표현입니다. 이 구절을 독송할 때마다 우리는 관세음보살의 끝없는 자비에 깊이 감동하고, 동시에 내 안의 자비로운 마음도 점차 자라나게 됩니다.

- **원력홍심상호신(願力弘深相好身)**: "관세음보살의 원력은 넓고 깊으며, 그 모습은 지극히 원만하고 자비롭습니다"라는 뜻입니다. 관세음보살의 원력은 그저 선한 마음을 넘어서 모든 중생을 반드시 구제하겠다는 강력하고도 깊은 다짐입니다. 중생의 고통을 완전히 없애겠다는 큰 서원을 세우고, 그 서원을 이룰 때까지 멈추지 않는 위대한 의지를 나타냅니다. 따라서 이 구절을 독송할 때 우리는 스스로에게 물어볼 수 있습니다. "나 또한 관세음보살처럼, 누군가의 고통을 덜어주는 삶을 살 수 있을까?" 하는 성찰의 마음을 일으킬 수 있습니다.

- **천비장엄보호지(千臂莊嚴普護持)**: "천 개의 손으로 중생을 아름답게 감싸고 두루 보호합니다"라는 의미를 담고 있습니다. 관세음보살은 천 개의 손으로 상징되며, 이는 중생

을 구제하기 위해 어떤 상황에서도 즉각적으로 도움을 주는 실천적인 자비를 의미합니다. 우리가 고통 속에서 외롭다고 느낄 때, 관세음보살의 보이지 않는 따뜻한 손길이 늘 우리 곁에 있음을 믿고 의지할 수 있습니다. 이 구절을 독송할 때마다 우리는 보살님의 보호를 실제로 체험하고 있음을 깨닫고 감사하게 됩니다.

- **천안광명변관조**(天眼光明遍觀照): "천 개의 눈으로 모든 중생을 살피고 밝은 빛으로 비추어 주십니다"라는 뜻입니다. 관세음보살의 천 개의 눈은 모든 중생의 고통과 어려움을 빠짐없이 바라보고 계시며, 누구의 고통도 지나치지 않는다는 뜻입니다. 언제 어디서나 우리가 부르기만 하면 즉각 그 소리를 듣고 응답하여 자비로운 가피를 베푸시는 보살님의 모습을 담고 있습니다. 이 구절을 독송할 때, 우리는 결코 혼자가 아니라 항상 관세음보살이 지켜보고 계시고 응원하고 계심을 확신하게 됩니다.

이처럼 계수관음내비주는 단순한 찬탄의 글귀가 아닙니다. 그것은 우리 마음속 깊은 곳에서 관세음보살의 자비와 원력을 일깨워주고, 우리 자신이 작은 관세음보살이 되어 이 세상을 더욱 따뜻하고 평화로운 곳으로 만들어가는 삶의 수행을 이끌어주는 힘이 됩니다.

독송할 때마다 이 네 구절의 깊은 뜻을 한 번 더 되새기고, 마음속으로 관세음보살과 같은 자비로운 삶을 살아가겠다고 다짐해보시기 바랍니다. 그러면 자연스럽게 관세음보살의 가피와 축복이 삶 전체에 가득 차는 것을 체험하게 될 것입니다.

3. 왜 우리는 관세음보살을 찬탄하는가?

천수경 수행을 하면서 많은 불자들이 이런 질문을 하곤 합니다.

"관세음보살을 찬탄하는 것이 정말 수행에 도움이 되나요?"

"관세음보살께 기도하면 정말로 원하는 바가 이루어질 수 있을까요?"

관세음보살을 찬탄하는 것은 단순한 기복적 신앙을 넘어 매우 중요한 의미가 있습니다. 그것은 관세음보살의 끝없는 자비와 원력을 배우고 실천하는 수행의 시작이며, 우리가 삶 속에서 실제로 자비를 베풀고 도움을 주는 존재가 되겠다는 다짐이기 때문입니다.

첫째, 관세음보살의 자비를 배우는 수행

관세음보살은 중생의 고통을 절대 외면하지 않고, 언제 어디서나 그들이 부르는 소리에 즉시 응답하여 구제하겠다는 강한 원력을 세우신 보살입니다. 이 원력은 단순히 가피를 주는 신비로운 능력을 넘어, 우리가 삶 속에서 본받아야 할 깊은 자비의 모범입니다.

관세음보살을 찬탄하는 것은 그 자비로운 마음을 본받아 나 또한 누군가의 부름에 즉시 응답하는 삶을 살아가겠다는 다짐이기도 합니다. 찬탄이란 단순히 존경심을 표현하는 것을 넘어, 관세음보살의 삶을 나의 삶과 연결 짓는 실천의 시작입니다.

둘째, 자비심을 기르고, 모든 중생을 돕는 실천 수행

불교에서 수행의 궁극적 목표는 단지 개인의 행복이나 성취만을 이루는 것이 아닙니다. 진정한 수행은 내가 얻은 깨달음과 지혜를 주변 모든 존재와 함께 나누고, 그들이 고통에서 벗어날 수 있도록 돕는 것입니다. 이것이 관세음보살이 보여주시는 가장 아름답고 위대한 가르침입니다.

우리가 계수관음대비주를 독송하는 것은 관세음보살의 자비와 원력을 내 안에 일깨우고, 작은 관세음보살이 되어 내 주변에서 실제로 실천하겠다는 다짐입니다. 말 한 마디를 할 때도 따뜻한 말로 위로를 건네고, 작은 행동으로라도 주변 사람들을 돕는다면, 그것이 바로 관세음보살을 찬탄하는 진정한 의미이며 실천입니다.

셋째, 관세음보살의 가피를 경험하는 수행

불교 수행에서 중요한 것은 믿음과 실천이 함께 가는 것입니다. 관세음보살을 찬탄하고 그 가르침을 삶 속에서 실천하면, 자연스럽게 그 원력의 가피를 체험하게 됩니다. 실제로 많은 불자들이 관세음보살을 부르고 기도할 때, 예상치 못한 어려움이 해결되거나 새로운 길이 열리는 경험을 합니다. 이런 체험은 우연이 아니라 관세음보살의 무한한 자비와 보호의 힘을 실제로 느끼는 순간입니다.

특히 천수경의 중심이 되는 신묘장구대다라니와 함께 계수관음대비주를 꾸준히 독송하면, 마음 깊은 곳에서부터 안정감과 보호받는 느낌을 얻게 됩니다. 관세음보살의 가피란, 마음의 고통과 번뇌가 해소되는 것은 물론, 삶의 구체적인 문제들까지도 원만하게 풀리는 신비로운 체험을 의미합니다.

관세음보살을 찬탄하는 것은 우리 삶의 가장 힘든 순간, 가장 어두운 순간에도 결코 혼자가 아니라는 확신을 갖게 합니다. 우리가 진심으로 관세음보살의 이름을 부르고 찬탄할 때, 그 순간부터 삶이 밝아지고, 마음에 평화와 자비의 빛이 가득해지는 것을 느끼게 됩니다.

이제 오늘 하루, 관세음보살의 이름을 마음속으로 깊이 불러보십시오. 관세음보살을 찬탄하는 이 작은 수행이, 여러분의 삶을 더욱 밝고 자비로운 길로 인도할 것입니다.

4. 계수관음대비주를 실천하는 방법

천수경을 독송하다 보면 '계수관음대비주(稽首觀音大悲呪)'라는 게송을 만나게 됩니다. 사실 이름이 조금 어렵긴 합니다만, 이 게송은 관세음보살의 무한한 자비를 찬탄하는 노래와도 같습니다. 천수경을 처음 독송할 때는 그냥 스쳐 지나가던 이 짧은 게송도, 조금만 신경 써서 읽어보면 가슴 깊이 뭉클한 울림을 줍니다.

그럼 어떻게 하면 이 계수관음대비주를 보다 실천적으로 우리 삶에 녹여낼 수 있을까요? 오늘은 계수관음대비주를 독송하면서 더욱 의미 있게 실천할 수 있는 방법들을 함께 나누고자 합니다.

첫째, 관세음보살을 떠올리며 계수관음대비주를 독송해보세요.

이 게송을 읽을 때, 단순히 입으로만 읊지 마시고 잠시 눈을 감고 마음을 집중해보세요. 마음속에 자비로우신 관세음보살이 천 개의 손과 천 개의 눈으로 나를 지켜보고 보호하고 계신다는 이미지를 그려보세요. 처음엔 어색할 수도 있지만, 반복해서 독송하다 보면 어느 순간 따뜻한 안심이 마음을 가득 채우는 느낌이 듭니다.

둘째, 매일 한 번이라도 작은 자비를 실천해보세요.

관세음보살은 중생의 고통을 외면하지 않고 바로 달려와 도와주는 분입니다. 물론 우리가 관세음보살처럼 모든 중생을 도울 수는 없겠지만, 하루에 딱 한 가지 작은 실천을 해보면 어떨까요? 예를 들어 이렇게 다짐할 수 있습니다.

- 오늘 하루, 나는 가장 가까운 가족이나 친구에게 따뜻한 말 한 마디를 전하겠습니다.
- 오늘 하루, 짜증을 내려놓고 친절을 먼저 베풀어보겠습니다.
- 관오늘 하루, 비판의 말을 삼가고 대신 이해와 공감을 먼저 해보겠습니다.

작은 다짐과 실천들이 모이면 어느새 내 삶은 관세음보살의 자비와 더 가까워질 것입니다.

셋째, 힘든 순간, 조용히 '관세음보살'을 불러보세요.

불교의 전통에 따르면, 관세음보살은 우리가 진심으로 이름을 부르기만 해도 즉시 응답하신다고 합니다. 사실 우리 인생은 기쁜 순간만큼이나 힘들고 괴로운 순간도 참 많습니다. 삶에서 벽에 부딪혔다고 느껴질 때, 가슴 깊숙이 외로움과 막막함이 차오를 때, 조용히 "관세음보살"을 부르며 마음을 의지해보세요.

"관세음보살, 제가 지금 많이 힘듭니다. 저를 좀 도와주세요."

이렇게 간절한 마음으로 부르면, 신기하게도 점점 마음에 평화와 용기가 깃드는 것을 느끼게 될 겁니다.

넷째, 관세음보살의 가피를 구하며 신묘장구대다라니를 함께 독송해보세요.

계수관음대비주를 읽으며 관세음보살의 자비를 마음 깊이 느꼈다면, 신묘장구대다라니를 함께 독송하면 더욱 강한 보호와 가피를 받을 수 있습니다. 마음이 복잡하거나 불안할 때, 천천히 신묘장구대다라니를 읽으며 관세음보살의 보호를 청해보세요. 독송 후, 마음이 훨씬 차분하고 맑아지는 경험을 하게 될 것입니다.

다섯째, 관세음보살의 원력을 닮으려는 마음을 가져보세요.

계수관음대비주는 단순히 관세음보살의 위대함을 찬탄하는 것에 그치지 않습니다. 우리가 직접 관세음보살의 자비로운 모습을 닮아가자는 실천의 다짐이기도 합니다. 매일 독송하면서 이렇게 다짐해보세요.

- 관세음보살처럼 오늘 하루 누군가의 아픔을 함께 나누겠습니다.
- 내 삶의 자리에서 작은 자비라도 실천하며 살아가겠습니다.

이런 마음을 품고 매일 독송하면, 관세음보살의 크신 원력이 내 삶에 그대로 흘러 들어오는 느낌을 받게 됩니다.

이제 천천히 눈을 감고 계수관음대비주를 독송해보세요. 크게 소리 내지 않아도 괜찮습니다. 작은 소리로 나 자신이 들릴 정도로만 읊어도 충분합니다. 독송을 마친 후 잠시 조용히 마음을 들여다보며 그 울림이 몸과 마음에 어떻게 전해지는지 느껴보세요.

이것이 바로 계수관음대비주의 깊은 가피이며, 관세음보살과 함께하는 삶으로 나아가는 한 걸음입니다.

5. 계수관음대비주를 꾸준히 독송하면 어떤 변화가 생길까?

천수경을 수행하면서 계수관음대비주를 꾸준히 독송하면, 처음에는 단순히 경전을 읽는 것 같지만 시간이 지날수록 내면 깊숙한 곳에서부터 커다란 변화를 경험하게 됩니다. 관세음보살의 이름을 부르고 그 원력을 찬탄할 때, 자연스럽게 우리 마음이 밝아지고, 삶의 여러 가지 장애가 사라지며, 일상에도 긍정적인 변화들이 찾아옵니다.

첫째, 마음이 안정되고, 불안과 걱정이 줄어든다.

관세음보살의 자비로운 원력에 마음을 기울여 꾸준히 독송하다 보면, 평소에 자주 느꼈던 불안과 걱정이 줄어들고 마음의 평화가 깊어지는 것을 느끼게 됩니다. 세상에는 언제나 크고 작은 어려움들이 존재하지만, 독송을 통해 마음의 중심이 바로 서고 내적인 힘이 생기면 어떠한 상황에서도 흔들리지 않는 고요한 마음을 유지할 수 있게 됩니다.

둘째, 관세음보살의 가피를 실제로 경험하게 된다.

계수관음대비주를 독송하며 진심으로 기도할 때, 우리는 실제 삶 속에서 관세음보살의 가피를 체험할 수 있습니다. 예상하지 못한 도움을 받거나, 해결이 어려워 보이던 문제가 풀리며, 길이 열리는 신비로운 경험을 하게 됩니다. 이는 우연히 일어나는 것이 아니라, 우리가 정성껏 독송하고 기도할 때 관세음보살의 자비로운 원력이 실제로 삶에 구현되는 순간입니다.

셋째, 자비로운 마음이 자라고, 인간관계가 좋아진다.

계수관음대비주는 우리 마음속의 자비심을 깨우고 키워주는 게송입니다. 이 게송을 꾸준히 독송하면, 자신도 모르게 타인의 고통과 어려움에 깊이 공감하는 마음이 커집니다. 이렇게 자비로운 마음이 성장하면, 자연스럽게 주변 사람들과의 관계도 개선되고, 평소 어렵게 느껴졌던 관계에서도 따뜻함과 이해가 싹트게 됩니다. 결국 우리가 만나는 모든 인연이 더욱 아름답고 원만하게 바뀌는 경험을 하게 됩니다.

넷째, 부정적인 에너지가 사라지고, 좋은 기운이 가득해진다.

천수경과 함께 계수관음대비주를 반복해서 독송하다 보면, 삶의 주변에 맴돌던 부정적인 기운이나 장애들이 점점 사라지고, 좋은 에너지가 자연스럽게 채워지게 됩니다. 독송을 통해 마음이 밝아지면 그 밝은 에너지가 우리 삶과 주변 환경을 긍정적인 방향으로 변화시킵니다. 가정이나 직장에서도 긍정적이고 밝은 분위기가 형성되며, 좋은 일들이 점점 늘어나게 됩니다.

계수관음대비주를 꾸준히 독송하는 것은 단순한 독송 이상의 수행이며, 우리 삶의 깊은 곳에서부터 진정한 변화를 일으키는 힘이 됩니다. 이 게송을 통해 관세음보살의 원력을 찬탄하고 배우며 실천하면, 자연스레 삶 전체가 자비와 지혜로 가득 찬 행복의 길로 이어지게 됩니다.

부디 이 수행을 통해 여러분 모두가 관세음보살의 따뜻한 가피와 함께, 밝고 자비로운 삶의 길을 걷게 되시기를 진심으로 기원합니다.

5장

신묘장구대다라니
가장 강력한 가피의 주문

1. 신묘장구대다라니란 무엇인가?

천수경에서 가장 중요한 부분이자 핵심이 되는 주문이 바로 신묘장구대다라니(神妙章句大陀羅尼)입니다. 이 다라니는 관세음보살께서 중생의 고통을 구제하고 보호하기 위해 특별히 세우신 원력과 자비가 응축된 위대한 주문입니다. 다라니의 한 구절 한 구절에는 관세음보살의 무한한 자비와 신비로운 힘이 깃들어 있어, 독송하는 것만으로도 그 가피(加被)를 받을 수 있다고 합니다.

부처님께서는 신묘장구대다라니를 독송하는 수행자에게 다음과 같이 말씀하셨습니다.

"이 다라니를 독송하는 자는 무량한 복덕을 얻고, 헤아릴 수 없이 많은 죄업이 자연스럽게 소멸될 것이다."

그래서 옛부터 지금까지 많은 불자들이 신묘장구대다라니를 매일의 수행으로 삼고 있습니다. 단순히 주문을 읽는 행위를 넘어, 다라니를 독송할 때마다 마음 깊은 곳에서부터 평화와 보호받는 느낌이 솟아나고, 삶에서 실제로 가피를 체험하게 되기 때문입니다.

신묘장구대다라니가 특별한 이유는 이 주문이 관세음보살의 무한한 자비심과, 중생을 반드시 고통에서 구제하겠다는 강력한 원력으로부터 비롯되었기 때문입니다. 부처님의 가르침에서 다라니는 모든 부처님과 보살님들의 지혜와 자비를 압축하여 담고 있는 신성한 소리로 알려져 있습니다. 그중에서도 신묘장구대다라니는 특히 관세음보살의 힘과 위신력을 완벽하게 갖추고 있어, 불교 역사상 가장 강력한 수행법 중 하나로 전해지고 있습니다.

신묘장구대다라니를 꾸준히 독송하면 구체적으로 어떤 변화를 경험할 수 있을까요?

첫째, 삶이 더욱 원만해집니다.

다라니를 매일 수행하면 마음속 갈등과 혼란이 점차 사라지고, 자연스럽게 삶이 부드럽고 원만하게 변화합니다.

둘째, 보호받는 삶을 살게 됩니다.

우리 삶에는 크고 작은 어려움과 장애가 많습니다. 신묘장구대다라니를 정성껏 독송하면 관세음보살의 보호를 받아, 예상치 못한 어려움에서 벗어나고 안전하게 보호받게 됩니다.

셋째, 수행의 힘이 강해집니다.

신묘장구대다라니는 단순히 읽는 주문이 아니라, 관세음보살의 원력을 내 안에 일깨우고, 지혜와 자비를 삶에서 실천하는 강력한 수행법입니다. 독송을 지속하다 보면 수행의 힘이 점차 쌓여, 내면이 맑아지고 밝아지는 경험을 하게 됩니다.

이제부터 신묘장구대다라니의 깊은 뜻과 수행법을 함께 살펴보겠습니다. 매일 독송하는 작은 실천이 삶 전체를 바꾸고, 무한한 가피를 가져오는 놀라운 변화를 직접 체험해보시기 바랍니다.

2. 신묘장구대다라니의 의미

신묘장구대다라니(神妙章句大陀羅尼)는 천수경의 핵심이 되는 가장 중요한 주문입니다. 이 주문은 단순한 글자나 소리가 아니라, 관세음보살의 무한한 자비와 위신력(威神力)이 담겨 있는 신비로운 수행법입니다.

본래 다라니는 인도의 고대 언어인 산스크리트어로 기록되어 있으며, 우리가 독송하는 것은 이 소리를 한문으로 옮긴 것입니다. 따라서 각 글자의 의미를 정확하게 풀이하는 것보다는, 그 소리와 진동을 마음 깊이 느끼며 독송하는 것이 더욱 중요합니다. 다라니는 단지 언어가 아니라, 그 자체로 신성한 울림과 파동을 지니고 있어, 꾸준히 독송하면 자연스럽게 관세음보살의 보호와 가피를 받게 됩니다.

그렇다면 '신묘장구대다라니'라는 이름이 가진 깊은 의미를 살펴보겠습니다.

먼저, '신묘(神妙)'는 우리의 상상을 초월하는 신비롭고 불가사의한 힘을 뜻합니다. 이 힘은 관세음보살께서 중생을 구제하기 위해 세우신 원력과 자비에서 비롯됩니다. 관세음보살의 원력은 한계가 없으며, 어떠한 어려움이라도 해결할 수 있는 신비로운 능력을 가지고 있습니다.

다음으로, '장구(章句)'란 명확하게 구성되고 정밀하게 배열된 문장과 구절을 의미합니다. 다라니는 단순한 주문의 나열이 아닙니다. 그것은 관세음보살의 깨달음과 자비의 힘이 가장 조화롭고 정밀하게 배열되어 있는 거룩한 주문입니다. 따라서 이 다라니를 독송할 때, 문장 하나하나의 소리와 진동을 정성스럽게 마음에 담아 독송하면, 우리의 마음도 자연스럽게 맑아지고 안정됩니다.

마지막으로, '대다라니(大陀羅尼)'는 불교에서 말하는 큰 진언(眞言)을 뜻합니다. 진언이란 모든 부처님과 보살님의 가르침과 위신력을 함축하여 담고 있는 강력한 주문을 말합니다. 다라니를 독송하면, 그 안에 담긴 관세음보살의 원력과 자비가 우리 삶 구석구석에 스며들어, 우리가 알지 못했던 깊은 내면의 고통과 번뇌까지도 자연스럽게 치유되고 정화됩니다.

종합하면, '신묘장구대다라니'란 "관세음보살의 위대하고 신비한 자비의 힘과 가피가 가장 완벽하게 담긴 강력한 수행의 주문"이라고 할 수 있습니다. 이 다라니를 꾸준히 독송하면 다음과 같은 구체적인 가피를 얻을 수 있습니다.

첫째, 모든 두려움과 장애가 사라집니다.

다라니를 정성껏 독송하면 마음속 두려움과 불안이 사라지고, 외부의 장애와 방해까지도 자연스럽게 극복할 수 있는 힘을 얻습니다. 특히 인생의 중요한 순간에 독송하면 막혔던 일이 부드럽게 풀리는 경험을 합니다.

둘째, 부정적인 업이 소멸됩니다.

우리는 살아가면서 자신도 모르게 수많은 업을 쌓습니다.

신묘장구대다라니를 꾸준히 독송하면 과거에 지은 나쁜 업들이 서서히 정화되고, 밝고 긍정적인 삶으로 변화하는 것을 체험할 수 있습니다.

셋째, 관세음보살의 강력한 보호를 받습니다.
우리가 알게 모르게 겪는 여러 위험과 어려움에서 벗어나고, 예상치 못한 순간에 도움과 보호를 받게 됩니다. 관세음보살의 원력은 우리가 상상할 수 있는 것 이상으로 무한하고 자비롭습니다.

이렇듯, 신묘장구대다라니를 독송하는 수행은 단순한 기도를 넘어서, 우리 삶 전체를 밝고 긍정적인 방향으로 변화시키는 강력한 힘이 있습니다. 이제부터라도 매일 꾸준히 독송하면서, 관세음보살의 자비로운 가피와 신비한 힘을 직접 체험해보시기 바랍니다. 그것이 바로 천수경 수행의 진정한 의미이자 목적입니다.

3. 신묘장구대다라니를 독송하면 어떤 변화가 생길까?

부처님께서는 신묘장구대다라니의 위대한 힘을 여러 차례 강조하셨습니다. 경전에서는 다음과 같이 말씀하고 계십니다.

"이 다라니를 단 한 번이라도 진심으로 독송하면, 이루 헤아릴 수 없는 죄업이 씻겨나가고 소멸된다."

"다라니를 간절히 독송할 때마다, 관세음보살께서 즉시 응답하여 무한한 자비의 가피를 베풀어주신다."

이처럼 신묘장구대다라니는 단순한 주문이 아니라, 관세음보살의 원력과 자비가 가득 담긴 강력한 수행법입니다. 이 다라니를 꾸준히 독송하면, 우리 삶의 여러 측면에서 깊고도 놀라운 변화를 경험할 수 있습니다. 그렇다면 이 다라니를 수행할 때 구체적으로 어떤 변화가 일어날까요?

첫째, 업장이 소멸되고, 수행의 힘이 쌓인다.

불교에서는 우리의 삶이 과거로부터 쌓아온 '업(業)'에 의해 결정된다고 봅니다. 업이란 우리의 행동과 말, 생각에서 비롯된 결과로, 좋은 업을 쌓으면 삶이 밝아지고, 나쁜 업을 지으면 괴로움이 따릅니다. 하지만 신묘장구대다라니는 매우 강력한 업장 소멸의 힘을 가지고 있어, 이를 꾸준히 독송하면 과거에 알게 모르게 지었던 부정적인 업들이 자연스럽게 정화됩니다.

또한 이 수행을 지속하면, 마음 깊숙한 곳에서 수행의 힘이 점차 단단히 쌓이며, 긍정적인 에너지와 밝은 기운이 나를 둘러싸는 것을 느낄 수 있습니다.

둘째, 두려움과 불안이 사라지고, 보호받는 기운이 생긴다.

살다 보면 원치 않는 어려움이나 장애, 불안과 두려움이 찾아오는 경우가 많습니다. 특히 현대사회는 스트레스와 불안이 끊이지 않는 시대입니다. 신묘장구대다라니는 관세음보살의 보호와 자비가 담겨 있어, 독송하는 사람의 마음과 삶을 강력히 보호하는 힘을 발휘합니다.

이 다라니를 꾸준히 독송하는 사람들은 "예전엔 쉽게 흔들리고 불안했는데, 지금은 마음이 훨씬 안정되고 두려움이 사라졌다"고 고백합니다. 수행을 방해하는 장애들이 자연스럽게 줄어들고, 자신이 보호받고 있음을 체험하게 되는 것입니다.

셋째, 원하는 일이 성취되고, 막혔던 길이 열린다.

신묘장구대다라니를 수행할 때, 마음이 집중되고 원력이 강해집니다. 그래서 자연스럽게 원하는 일이 성취되는 경험을 하게 됩니다. 실제로 많은 불자들이 "중요한 시험이나 취업을 앞두고 신묘장구대다라니를 꾸준히 독송했더니 뜻밖에 좋은 결과가 있었다", "막혔던 일이 쉽게 풀렸다"고 이야기합니다.

이러한 체험은 단지 우연이 아니라, 관세음보살의 자비와 가피가 독송자의 간절한 마음에 응답하여 이루어진 것입니다.

넷째, 마음이 차분해지고, 생각이 정리된다.

신묘장구대다라니를 독송할 때 중요한 점은, 그 소리의 울림과 진동이 우리 몸과 마음에 직접 영향을 준다는 것입니다. 주문을 천천히 또박또박 독송하다 보면, 마음의 혼란이 정리되고 자연스럽게 깊은 안정감이 찾아옵니다. 독송을 지속하다 보면 어느 순간 마음속 불필요한 걱정과 고민이 줄어들고, 일상에서도 긍정적인 사고와 명료한 판단을 하게 되는 자신을 발견하게 됩니다.

이와 같은 변화는 실제로 많은 수행자들이 신묘장구대다라니를 통해 경험하는 일입니다. 하지만 중요한 것은 다라니를 한 번 읽는 것으로 끝내지 않고 꾸준히 수행을 지속하는 것입니다. 매일 꾸준히 독송하다 보면, 언젠가 삶의 모든 순간이 부처님과 관세음보살의 지혜와 자비로 가득 차는 놀라운 경험을 하게 될 것입니다.

지금 바로, 잠시 모든 것을 내려놓고 신묘장구대다라니를 한 번 독송해보십시오.

독송하는 그 순간부터 이미 여러분은 밝고 긍정적인 변화의 길 위에 서 있게 됩니다.

4. 신묘장구대다라니를 실천하는 방법

신묘장구대다라니는 단순한 주문이 아닙니다. 이것은 관세음보살의 원력과 가피를 담은 강력한 수행법이며, 우리가 꾸준히 실천할 때 놀라운 변화를 가져옵니다. 그럼 구체적으로 이 다라니를 일상에서 어떻게 실천할 수 있을까요?

첫째, 매일 하루 한 번이라도 정성껏 독송해보십시오.

처음부터 긴 시간 동안 독송할 필요는 없습니다. 중요한 것은 양이 아니라 진심 어린 정성입니다. 하루 중 조용히 시간을 정해놓고, 천천히 또박또박 마음을 다해 독송해보세요. 습관이 쌓이면 자연스럽게 수행의 힘이 깊어지고, 마음의 안정과 지혜가 자라는 것을 경험할 수 있습니다.

둘째, 수행을 시작하기 전에 신묘장구대다라니를 독송해보십시오.

명상을 하거나 기도를 시작할 때, 이 다라니를 미리 독송하면 마음이 차분하게 가라앉으며 집중력이 높아집니다. 마음이 산란하거나 잡념이 많을 때에도 신묘장구대다라니를 천천히 읊으면 마음이 맑아지고, 수행이 깊어지는 것을 느낄 수 있습니다. 수행을 위한 최적의 마음상태를 만드는 데 탁월한 효과가 있습니다.

셋째, 삶에서 어려운 일이 생겼을 때 다라니를 꾸준히 독송해보십시오.

삶의 길 위에서 우리는 때때로 어려운 문제와 장애를 마주하게 됩니다. 그럴 때 마음을 모아 신묘장구대다라니를 독송해보십시오. 다라니를 독송할 때는 마음속으로 다음과 같이 간절히 기도하는 것이 좋습니다.

"관세음보살, 저를 보호해주십시오. 제가 지금 처한 어려움과 장애를 지혜롭게 헤쳐나갈 수 있도록 자비의 빛으로 인도해주소서."

이렇게 다라니를 꾸준히 독송하면 관세음보살의 무한한 가피로 인해 뜻밖의 길이 열리거나 어려움이 자연스럽게 풀리는 경험을 하게 됩니다.

넷째, 독송 후 반드시 회향(廻向)의 마음을 가지십시오.

회향이란 나의 수행 공덕을 모든 중생과 함께 나누겠다는 뜻입니다. 수행의 마무리는 언제나 회향으로 끝나는 것이 좋습니다. 독송 후에 잠시라도 이렇게 기도해보십시오.

"제가 신묘장구대다라니를 독송하며 쌓은 공덕을 저만을 위해 쓰지 않고, 이 세상 모든 중생들이 고통에서 벗어나 행복과 깨달음을 얻는 데 사용되기를 바랍니다."

이러한 회향의 마음을 가지면 수행의 공덕이 더욱 커지고, 그 에너지가 내 삶뿐 아니라 주변 사람들에게도 선한 영향을 끼치게 됩니다.

다섯째, 수행 일지를 적으며 변화 과정을 기록해보십시오

신묘장구대다라니를 독송하며 느낀 마음의 변화나 생활 속에서 일어난 긍정적인 일들을 작은 노트에 기록해보세요. 수행 일지를 꾸준히 작성하다 보면, 내가 얼마나 긍정적인 방향으로 변화하고 있는지 스스로 깨닫게 되고, 이것이 수행을 지속하는 큰 힘이 됩니다.

이제 지금 이 순간, 모든 생각을 잠시 내려놓고 신묘장구대다라니를 한 번 독송해보십시오.

크게 소리 내어 읽어도 좋고, 조용히 마음속으로 읊어도 좋습니다. 중요한 것은 그 주문의 맑고 청정한 울림이 내 몸과 마음 구석구석에 깊이 스며들도록 진심을 담아 독송하는 것입니다.

독송하는 이 순간부터, 관세음보살의 가피가 여러분의 삶과 수행을 밝고 맑게 비추고 있음을 잊지 마시기 바랍니다.

5. 신묘장구대다라니를 꾸준히 독송하면 어떤 변화가 일어날까?

신묘장구대다라니는 단순한 주문을 넘어, 꾸준히 수행하면 삶에 깊은 변화를 가져오는 강력한 수행법입니다. 이 다라니를 매일 정성껏 독송하다 보면, 우리의 내면과 삶 전반에 다음과 같은 긍정적인 변화가 나타나기 시작합니다.

첫째, 마음이 차분해지고 두려움과 불안이 사라진다.

현대인의 삶은 스트레스와 불안, 걱정으로 가득 차 있습니다. 이 다라니를 독송하면, 마음속 불필요한 잡념과 두려움이 서서히 녹아내리며 차분하고 평화로운 마음이 자리 잡게 됩니다. 관세음보살의 자비로운 에너지가 다라니의 울림을 통해 마음 깊숙한 곳까지 스며들어 불안과 두려움을 자연스럽게 걷어줍니다.

둘째, 과거의 업장이 정화되고 삶이 긍정적으로 바뀐다.

불교에서는 우리가 살아가면서 쌓아온 업(業)이 삶에 큰 영향을 준다고 가르칩니다. 신묘장구대다라니는 우리의 부정적인 업을 씻어내는 강력한 정화력을 가지고 있습니다. 매일 다라니를 독송하면 과거의 나쁜 업은 점차 사라지고, 삶이 맑고 깨끗한 방향으로 전환되는 것을 경험할 수 있습니다. 불필요한 장애가 사라지고 좋은 인연들이 자연스럽게 찾아옵니다.

셋째, 관세음보살의 가피를 직접적으로 체험하게 된다.

관세음보살은 중생의 고통을 결코 외면하지 않고, 부르는 소리를 들으면 반드시 응답하시는 보살입니다. 신묘장구대다라니를 꾸준히 독송하면, 실제로 관세음보살의 보호와 가피를 분명하게 느끼게 됩니다. 예상치 못한 어려움에서 보호받고, 해결되지 않던 문제가 뜻밖에 풀리며, 필요할 때 도움을 주는 사람이나 상황이 자연스럽게 나타나는 놀라운 경험을 하게 됩니다.

넷째, 원하는 바가 성취되고 수행의 힘이 점점 강해진다.

이 다라니를 매일 꾸준히 독송하면 자연스럽게 집중력과 내적 에너지가 증가합니다. 다라니 독송을 통해 우리가 세운 원력이 더욱 강력해지고, 소망하던 바가 현실에서 성취되는 경험을 하게 됩니다. 사업이나 공부, 인간관계 등 삶의 구체적인 영역에서 긍정적인 결과가 나타나고, 수행의 힘이 커지면서 삶의 방향과 목표가 더욱 분명해집니다.

다섯째, 삶의 모든 순간이 수행의 장으로 변한다.

신묘장구대다라니를 지속적으로 독송하면, 일상의 작은 순간조차도 수행으로 변화합니다. 우리가 하는 말과 행동, 작은 선택 하나하나가 모두 부처님의 가르침에 맞추어지며, 일상 속에서 진정한 수행을 실천하는 삶으로 변화하게 됩니다. 삶이 수행이 되고, 수행이 삶이 되는 아름다운 변화를 체험하게 됩니다.

이러한 변화들은 결코 특별한 사람에게만 나타나는 것이 아닙니다. 매일 조금씩이라도 꾸준히 다라니를 독송하는 모든 수행자들에게 나타날 수 있는 보편적인 변화입니다. 신묘장구대다라니를 통해 우리는 내면 깊은 곳으로부터 관세음보살의 자비와 지혜를 깨닫고, 삶을 더욱 밝고 맑게 변화시킬 수 있습니다.

이제 오늘부터, 마음을 다하여 신묘장구대다라니를 독송하며, 스스로 그 놀라운 변화와 가피를 직접 경험해보십시오. 이것이 바로 천수경 수행의 진정한 힘이자, 신묘장구대다라니가 우리에게 주는 가장 큰 선물입니다.

6장

신묘장구대다라니의 개별 구절 해설과 수행법

1. 신묘장구대다라니를 구절별로 이해해야 하는 이유

신묘장구대다라니(神妙章句大陀羅尼)는 관세음보살의 끝없는 자비와 가피를 담고 있는 매우 신성하고도 강력한 수행법입니다. 그런데 많은 불자들이 이 다라니를 단지 반복해서 암송하는 수준에 머무르는 경우가 많습니다. 하지만 불교에서 다라니와 진언(眞言)은 단순히 입으로 외우는 주문이 아니라, 한 글자 한 글자에 깊은 의미와 수행의 핵심이 담겨 있는 신성한 소리입니다. 부처님께서는 진언과 다라니를 독송할 때 다음과 같이 강조하셨습니다.

"진언은 그 자체로 부처님의 말씀이며, 한 글자 한 글자마다 무량한 의미와 공덕이 담겨 있다."

이 말씀처럼, 신묘장구대다라니 또한 각 구절마다 우리가 깊이 생각하고 실천해야 할 중요한 가르침과 수행법이 숨겨져 있습니다.

첫째, 한 글자 한 글자가 모두 수행의 열쇠이다.

신묘장구대다라니를 독송할 때는 단순히 글자를 반복해서 읽는 것을 넘어, 각 글자와 구절이 품고 있는 깊은 의미를 이해하고 마음속에 새겨야 합니다. 그래야 비로소 관세음보살의 깊은 자비와 지혜가 우리 안에 뿌리내리며, 삶 속에서 진정한 변화가 일어납니다. 의미를 모른 채 외우는 것과 그 뜻을 알고 독송하는 것은 그 효과와 수행의 깊이에 큰 차이를 만들어냅니다.

둘째, 구절별 의미를 이해하면 수행의 효과가 극대화된다.

신묘장구대다라니에는 각 구절마다 서로 다른 수행의 덕목과 공덕이 담겨 있습니다. 특정 구절은 업장을 소멸하고, 또 다른 구절은 두려움을 없애고, 또 어떤 구절은 지혜와 자비를 키워줍니다.

구절의 의미를 정확히 알면, 우리는 특정한 상황에 맞추어 더욱 정교하고 깊은 수행을 할 수 있습니다. 예를 들어, 삶에서 어려움이 있을 때는 보호와 가피를 의미하는 구절을 더 집중하여 독송하고, 마음의 번뇌가 심할 때는 정화와 평정을 의미하는 구절에 깊이 집중하여 독송할 수 있습니다.

셋째, 구절별 의미가 마음의 문을 열어 수행의 길로 인도한다.
진언과 다라니는 소리 그 자체로 이미 신성한 힘을 갖고 있지만, 우리가 그 의미를 알고 독송할 때 마음 깊은 곳의 문이 더욱 활짝 열립니다. 단순히 주문을 외우는 것만으로도 효과가 있지만, 각 구절의 깊은 의미를 이해하고 독송하면 우리의 의식은 더욱 맑아지고 수행의 힘이 깊어지게 됩니다. 이것은 마치 문을 열기 위한 열쇠와도 같습니다. 의미를 아는 독송은 마음 깊은 곳까지 관세음보살의 자비를 초대하는 수행입니다.

신묘장구대다라니의 각 구절이 담고 있는 의미와 수행법을 정확히 이해하고 실천하면, 우리의 삶 전체가 수행의 현장으로 변화합니다. 이 장에서는 구절 하나하나를 천천히 풀어 설명하고, 각 구절이 담고 있는 깊은 가르침과 수행 방법을 안내할 것입니다.

부디 이 해설을 통해 신묘장구대다라니를 더욱 깊이 이해하고, 독송하는 모든 순간이 진정한 수행이 되기를 바랍니다.

2. 신묘장구대다라니의 개별 구절 해설

나무 라다나 다라 야야 나막 알약 바로기제 새바라야

모지 사다바야 마하 사다바야 마하가로 니가야

옴 살바 바예수 다라나 가라야 다사명

나막 까리 다바 이맘알야 비로기제 새바라 다바

니라간타 나막 하리나야 마발다 이사미

살발타 사다남 수반 아예염

살바 보다남 바바말아 미수다감

다냐타 옴 아로게 아로가 마지로가 지라간제

혜혜 하례 마하모지 사다바

사마라 사마라 하리나야 구로구로 갈마 사다야 사다야

도로도로 미연제 마하 미연제

다라다라 다린 나례 새바라 자라자라

마라미마라 아마라 몰제 예혜혜 로계

새바라 라아미사미 나사야 나베 사미사미 나사야

모하 자라 미사미 나사야

호로호로 마라호로 하례 바나마 나바 사라사라

시리시리 소로소로 못자못자 모다야 모다야

매다리야 니라간타 가마사 날사남

바라하라나야 마낙 사바하

싯다야 사바하 마하싯다야 사바하

싯다유예 새바라야 사바하

니라간타야 사바하 바라하 목카싱하 목카야 사바하

바나마 하따야 사바하 자가라 욕다야 사바하

상카섭나녜 모다나야 사바하

마하라 구타다라야 사바하

바마사간타 이사시체다 가릿나 이나야 사바하

먀가라잘마 이바사나야 사바하

나모 라다나 다라 야야 나막 알약 바로기제 새바라야 사바하

3. 개별 구절 해설과 수행법

① 나무 라다나 다라 야야 나막 알약 바로기제 새바라야

- 나무(南無): 지극한 마음으로 귀의합니다.
- 라다나 다라 야야(羅怛那 怛羅夜夜): 보배로운 법(法)에 귀의합니다.
- 나막 알약 바로기제 새바라야(南無 阿若 婆羅羯帝 婆婆訶): 자재하신 관세음보살께 귀의하며, 모든 일이 원만히 성취되길 바랍니다.

이 구절을 독송할 때는 관세음보살의 자비로운 모습과 마음을 그리며 깊은 신뢰와 귀의의 마음을 내는 것이 좋습니다.

관세음보살께 내 삶을 의탁하고 보호받는 느낌으로 정성스럽게 독송하면 수행에 더욱 큰 힘이 됩니다.

② 모지 사다바야 마하 사다바야 마하가로 니가야

- 모지(牟尼): 고요한 깨달음을 추구하는 수행자의 마음을 나타냅니다.
- 사다바야(薩怛嚩夜): 보살, 곧 자비를 실천하는 수행자입니다.
- 마하(摩訶): 크고 위대한 것을 나타냅니다.
- 마하가로 니가야(摩訶伽盧尼迦夜): 위대한 자비를 가지신 보살님께 귀의합니다.

이 구절을 독송하며 내 마음속에도 관세음보살과 같은 자비심을 일깨우겠다는 다짐을 합니다. 중생의 고통을 나의 고통으로 여기고, 주변 사람들을 돕겠다는 마음으로 독송하면 관세음보살의 자비와 더욱 깊게 연결됩니다.

③ 옴 살바 바예수 다라나 가라야 다사명

- 옴(唵): 모든 진언의 시작이자 우주의 신성한 울림을 상징합니다.
- 살바 바예수(薩婆 鉢夜娑): 모든 두려움과 장애를 나타냅니다.
- 다라나(陀羅尼): 지혜의 힘으로 중생의 괴로움을 없애는

주문입니다.
- **가라야**(迦羅夜): 적극적인 수행과 실천을 뜻합니다.
- **다사명**(怛姪他): 모든 수행이 원만히 이루어짐을 의미합니다.

두려움이나 불안이 있을 때 이 구절을 독송하면서 마음의 안정과 보호를 구하십시오. 다라니의 울림과 진동을 느끼면서, 내 안의 모든 장애와 어려움이 사라지고 밝은 길이 열리는 이미지를 떠올리면 더욱 큰 효과를 경험할 수 있습니다.

④ 나막 까리 다바 이맘알야 비로기제 새바라 다바

- **나막**(南無): 지극한 마음으로 귀의합니다.
- **까리 다바**(迦哩 怛鉢): 가르침을 받아들여 실천하겠다는 의미입니다.
- **이맘알야**(伊牟麼羅夜): 번뇌와 어두움을 밝히는 지혜의 빛입니다.
- **비로기제**(毘盧羯諦): 우주 전체를 환히 비추는 지혜의 광명을 뜻합니다.
- **새바라 다바**(娑婆訶 怛鉢): 이 모든 것이 원만히 성취되기를 바랍니다.

이 구절을 독송할 때는 내가 가진 번뇌와 어두움이 지혜의 빛으로 밝아지고 정화되는 모습을 상상하십시오. 수행자의 마음으로 가르침을 적극적으로 받아들이고 실천하겠다는 서원을 세우는 것이 중요합니다.

⑤ 니라간타 나막 하리나야 마발다 이사미

- **니라간타**(尼囉干陀): 청경(靑頸) 관세음보살의 상징으로, 중생의 고통을 대신 받아주시는 자비로운 모습을 나타냅니다.
- **나막**(南無): 지극히 귀의합니다.
- **하리나야**(訶利那夜): 밝은 광명으로 중생의 번뇌를 소멸하는 힘을 의미합니다.
- **마발다**(摩伐多): 번뇌를 끊고 깨달음으로 나아가는 강력한 수행의 힘입니다.
- **이사미**(伊薩彌): 이 모든 수행이 원만히 성취되는 것을 나타냅니다.

이 구절을 독송하며 관세음보살의 자비로운 원력을 가슴 깊이 느껴보십시오. 나 또한 주변의 고통을 이해하고, 관세음보살과 같은 마음으로 세상을 살아가겠다는 마음으로 독송하면 더욱 깊은 수행이 될 것입니다.

⑥ 살발타 사다남 수반 아예염

- **살발타**(薩跋陀): 널리 모든 방향으로 퍼지는 관세음보살의

무한한 가피를 뜻합니다.
- **사다남(娑怛南)**: 헤아릴 수 없이 많은 부처님의 자비로운 보호를 의미합니다.
- **수반(須般)**: 수행자의 모든 두려움과 불안을 없애고 내면의 평온과 안정감을 유지하는 힘입니다.
- **아예염(阿耶嚴)**: 모든 공덕이 원만하게 이루어지고 성취되기를 기원하는 뜻입니다.

이 구절을 독송할 때는 자신이 관세음보살과 모든 부처님의 보호 아래 있음을 떠올리며, 삶의 모든 장애와 어려움에서 벗어나 평온하고 밝은 마음으로 살아가겠다는 서원을 세워보십시오. 이 수행은 일상에서 안정과 평화를 찾는 데 큰 힘이 됩니다.

⑦ 살바 보다남 바바말아 미수다감

- **살바(薩婆)**: 법계에 존재하는 모든 중생과 존재를 포함합니다.
- **보다남(菩陀南)**: 깨달음(보리)의 상태를 뜻하며, 중생이 모두 깨달음에 이르기를 기원합니다.
- **바바말아(婆婆末囉)**: 과거에 지은 부정적인 업을 완전히 씻어내고 정화하는 힘입니다.
- **미수다감(彌輸多甘)**: 모든 업장을 깨끗이 소멸하여 순수하

고 평화로운 상태로 돌아가는 것을 의미합니다.

이 구절을 독송하면서 자신의 마음속에 쌓인 부정적인 업장과 장애가 맑게 씻겨나가는 모습을 명상하십시오. 수행 과정에서 마음을 밝고 순수하게 유지하며 바른 깨달음의 길로 한 걸음씩 나아가겠다고 다짐하면 더욱 강력한 수행이 될 것입니다.

⑧ 다냐타 옴 아로게 아로가 마지로가 지라간제

- **다냐타(怛姪他)**: 진언의 의미를 강조하며 "지금부터 다음과 같은 뜻을 지닌다"고 알리는 말입니다.
- **옴(唵)**: 우주의 근본 진리를 담은 신성한 울림입니다.
- **아로게(阿盧揭)**: 마음과 몸을 정화하며 지혜의 밝은 빛을 일으키는 힘입니다.
- **아로가(阿盧伽)**: 무명과 어둠을 밝히는 본래의 불성(佛性)을 의미합니다.
- **마지로가(摩訶盧伽)**: 크고 위대한 깨달음의 힘으로 모든 장애를 초월하는 의미입니다.
- **지라간제(支羅干帝)**: 모든 번뇌와 고통에서 완전히 벗어난 열반의 상태입니다.

이 구절을 독송할 때는 자신의 내면에 있는 본래의 밝고 맑은 본성을 떠올리며 모든 번뇌와 어둠이 사라지고 지혜로운 삶을 살아가겠다는 마음을 가지십시오. 이 진언을 통해 번뇌를 넘어 깨달음으로 가는 수행의 힘을 더욱 굳건히 할 수 있습니다.

⑨ 혜혜 하례 마하모지 사다바

- **혜혜**(諡諡): 수행자가 깨달음의 기쁨과 환희를 누리기를 기원하는 표현입니다.
- **하례**(詞列): 모든 수행을 굳건하게 유지하며 흔들리지 않는 마음을 가지겠다는 다짐을 의미합니다.
- **마하모지**(摩訶牟尼): 위대한 깨달음을 성취한 부처님을 칭송하며, 자신도 그러한 깨달음으로 나아가겠다는 의미입니다.
- **사다바**(薩怛嚩): 중생의 이익을 위하여 자비를 베푸는 보살의 원력을 나타냅니다.

이 구절을 독송할 때는 환희롭고 기쁜 마음을 내어 깨달음을 향한 열정과 수행의 즐거움을 다시 한번 되새겨 보십시오. 수행에 대한 열성을 높이고, 지속적으로 정진할 수 있는 힘을 얻을 수 있습니다.

⑩ 사마라 사마라 하리나야 구로구로 갈마 사다야 사다야

- **사마라 사마라**(娑摩囉 娑摩囉): 항상 부처님의 가르침을 기

억하며 수행의 초심을 잃지 말라는 뜻입니다.
- **하리나야**(訶利那夜): 밝은 생명의 빛으로 모든 중생에게 지혜와 에너지를 주는 힘입니다.
- **구로구로**(俱嚕俱嚕): 수행자에게 있는 온갖 장애를 없애고 보호하는 강력한 힘입니다.
- **갈마**(羯摩): 과거의 나쁜 업을 정화하고, 새로운 선업을 쌓게 하는 의미입니다.
- **사다야 사다야**(薩怛夜 薩怛夜): 항상 올바른 삶을 살아가겠다는 수행자의 확고한 다짐입니다.

이 구절을 독송할 때는 항상 초심을 유지하며, 부처님의 가르침을 삶 속에서 끊임없이 실천하겠다는 강한 마음을 다지십시오. 수행의 길에서 만나는 모든 장애를 극복하는 힘을 얻고, 더욱 깊은 깨달음으로 나아가는 계기가 될 것입니다.

⑪ 도로도로 미연제 마하 미연제 다라다라 다린 나례 새바라 자라자라

- **도로도로**(都嚕都嚕): 수행자의 내면 깊은 곳에서 수행의 기운과 의지를 다시 일깨우고, 꾸준히 정진하는 마음을 불러일으키는 소리입니다.
- **미연제**(彌演帝): 수행을 통해 점차 자라나는 밝은 지혜로, 삶의 모든 장애와 어둠을 걷어내는 힘을 나타냅니다.

- **마하 미연제(摩訶 彌演帝)**: 큰 깨달음과 무한한 지혜를 얻기 위한 강력한 서원을 의미합니다.
- **다라다라(怛羅怛羅)**: 수행자 주변을 감싸고 보호하여 온갖 어려움에서 자유롭게 하는 부처님의 강력한 에너지입니다.
- **다린 나례(多隣那禮)**: 완전한 깨달음에 이르는 길을 밝혀주는 빛을 뜻합니다.
- **새바라 자라자라(娑婆囉 乍囉乍囉)**: 수행자의 삶 속에서 선한 행위를 끊임없이 실천하라는 부처님의 가르침을 강조하는 표현입니다.

이 구절을 독송할 때는, 마음속에서 다시금 수행의 초심을 떠올리고 깨달음에 대한 원력을 굳건히 하십시오. 부처님의 보호 아래 지혜로운 삶을 꾸준히 실천하겠다는 마음으로 읽어나가십시오.

⑫ 마라미마라 아마라 몰제 예혜혜 로계

- **마라미마라(摩囉彌摩囉)**: 수행을 방해하는 마음속의 모든 번뇌와 집착(마라)을 완전히 끊어버리고 정화하는 힘을 상징합니다.
- **아마라(阿摩囉)**: 어떤 번뇌에도 오염되지 않은 맑고 순수한 본성의 마음을 유지하는 것입니다.
- **몰제(牟利帝)**: 과거에 지은 모든 부정적 업장을 깨끗이 정

화하여, 깨달음의 길을 밝게 비추는 의미입니다.
- **예혜혜(曳醯醯)**: 수행자의 마음이 항상 기쁨과 평온 속에서 안정될 수 있도록 이끄는 진언입니다.
- **로계(路稽)**: 수행자가 걸어가는 깨달음의 바른 길을 나타냅니다.

이 구절을 독송하며 마음속의 어지러움을 비우고, 순수하고 평온한 마음으로 본래의 맑은 성품을 회복하는 데 집중하십시오.

⑬ 새바라 라아미사미 나사야 나베 사미사미 나사야

- **새바라(娑婆囉)**: 모든 일이 원만하고 순조롭게 이루어지기를 바라는 뜻을 담고 있습니다.
- **라아미사미(囉阿彌薩彌)**: 부처님의 가르침을 따라 바르고 진실한 길을 꾸준히 가는 것을 의미합니다.
- **나사야(那薩夜)**: 수행을 방해하는 모든 부정적인 장애를 사라지게 하고, 길이 밝고 분명하게 열리기를 기원합니다.
- **나베(那鉢)**: 마음속의 업장을 씻어내고, 새로운 깨달음과 맑은 공덕을 쌓는 것을 상징합니다.
- **사미사미(薩彌薩彌)**: 지혜와 복덕을 함께 쌓으며 깨달음의 길을 걸어가는 지속적인 수행의 과정입니다.

이 구절을 독송하며 삶 속에서 부처님의 법을 지키고, 업장을 정화하며 꾸준히 정진하는 자세를 잊지 마십시오.

⑭ 모하 자라 미사미 나사야

- **모하**(牟訶): 궁극의 지혜와 깨달음을 나타냅니다.
- **자라**(乍囉): 수행을 통해 꾸준히 자라나는 변화와 내면의 성장을 뜻합니다.
- **미사미**(彌薩彌): 수행 과정을 통해 점차 깊어지는 지혜와 깨달음의 힘을 의미합니다.
- **나사야**(那薩夜): 마음속 모든 집착과 번뇌에서 벗어나 자유롭고 해탈한 상태를 나타냅니다.

이 구절을 독송하며 꾸준한 수행을 통해 깨달음의 지혜를 기르고, 자유롭고 해탈한 삶을 이루겠다는 서원을 세우십시오.

⑮ 호로호로 마라호로 하례 바나마 나바 사라사라

- **호로호로**(護嚕護嚕): 부정적인 기운으로부터 보호하고, 수행자를 안전하게 지키는 강력한 힘입니다.
- **마라호로**(摩囉護嚕): 수행자의 마음을 어지럽히는 모든 장애와 번뇌를 제거하고, 맑게 정화하는 수행의 힘입니다.
- **하례**(訶列): 마음을 안정시키고, 부처님의 바른 가르침에 따라 살아가는 다짐을 뜻합니다.
- **바나마 나바**(般那摩 那鉢): 마음속 깊이 쌓여 있는 업장이

완전히 소멸되고, 새로운 깨달음의 길이 열리는 것입니다.
- **사라사라**(薩囉薩囉): 순수하고 밝은 에너지가 온몸과 마음에 흐르며, 맑고 깨끗한 삶을 살아가게 되는 상태입니다.

이 구절을 독송할 때는 모든 번뇌와 장애를 떨쳐내고, 깨끗하고 맑은 마음으로 부처님의 가르침을 삶 속에 실천하겠다는 강한 마음을 내십시오.

⑯ 시리시리 소로소로 못자못자 모다야 모다야

- **시리시리**(室哩室哩): 수행자의 마음속에 부처님의 밝고 청정한 지혜와 풍성한 복덕이 가득히 차는 상태를 상징합니다.
- **소로소로**(蘇囉蘇囉): 수행을 통해 얻어진 부처님의 가피와 공덕이 널리 퍼져나가 주변 모든 중생에게까지 미치는 모습을 나타냅니다.
- **못자못자**(牟遮牟遮): 마음속의 두려움과 모든 집착에서 벗어나 자유롭고 편안한 마음 상태를 의미합니다.
- **모다야 모다야**(牟多耶 牟多耶): 수행자가 어떤 어려움 속에서도 포기하지 않고 끊임없이 수행의 길을 꾸준히 걸어가는 성실한 자세를 나타냅니다.

이 구절을 독송하며, 마음속에서 부처님의 지혜와 복덕이 나를 채우고 있음을 깊이 느껴보십시오. 수행을 통해 내면의 모든 두려움과 집착에서 자유로워지고, 그 맑고 밝은 공덕이 주변의 모든 중생에게까지 전해지기를 간절히 발원하십시오.

⑰ 매다리야 니라간타 가마사 날사남

- **매다리야**(迷陀哩耶): 내가 닦은 수행의 모든 공덕을 널리 주변의 중생에게 회향하고자 하는 자비로운 마음을 나타냅니다.
- **니라간타**(尼囉干陀): 청경관음(青頸觀音), 즉 중생의 고통과 번뇌를 대신 짊어지고 청정한 상태를 유지하는 관세음보살의 자비로운 모습을 의미합니다.
- **가마사**(迦摩娑): 매 순간 수행을 통해 선한 업을 끊임없이 쌓아가는 수행자의 노력과 정진을 상징합니다.
- **날사남**(捺薩南): 모든 업장과 장애가 소멸되고, 수행자의 마음과 삶이 깨끗이 정화되는 상태를 나타냅니다.

이 구절을 독송하면서 내가 행한 수행의 공덕을 나 혼자만이 아니라, 나와 인연된 모든 존재에게 회향하여 모두가 함께 입장에서 자유로워시고 깨달음의 길로 나아갈 수 있도록 기원하십시오.

⑱ 바라하라나야 마낙 사바하

- **바라하라나야**(婆羅訶囉那夜): 수행자의 마음이 부처님과 같

이 넓고 평온하게 안정되어, 어떤 상황에서도 흔들리지 않는 고요함을 이루기를 기원합니다.
- 마낙(摩捺): 수행자의 마음이 올바른 깨달음을 향해 점차 가까이 가고 있음을 나타냅니다.
- 사바하(娑婆訶): 수행자의 이러한 마음과 뜻이 모두 원만히 이루어지기를 바라는 의미입니다.

이 구절을 독송하며 수행의 길을 걷는 동안 마음이 항상 고요하고 평화로우며, 올바른 깨달음을 향한 꾸준한 정진의 힘이 깃들기를 발원하십시오.

⑲ 싯다야 사바하 마하싯다야 사바하
- 싯다야(悉多耶): 수행을 통해 이루어진 모든 공덕과 성취를 의미하며, 그것이 삶 속에서 구체적으로 드러나기를 기원합니다.
- 마하싯다야(摩訶悉多耶): 수행자가 얻을 수 있는 가장 위대하고 완전한 성취, 즉 궁극적인 깨달음을 나타냅니다.
- 사바하(娑婆訶): 그 모든 수행과 공덕이 원만히 이루어지고, 삶 속에서 성취되기를 바라는 의미입니다.

이 구절을 독송하면서 내가 수행을 통해 얻은 지혜와 공덕이 온전히 성취되고, 궁극적으로는 깨달음에 이르기를 마음 깊이 간절히 기원하십시오.

⑳ **싯다유예 새바라야 사바하**

- **싯다유예**(悉多優耶): 수행자의 마음속에 간직한 모든 바람과 서원이 원만하게 이루어지는 것을 의미합니다.
- **새바라야**(娑婆囉夜): 수행자가 얻은 지혜와 공덕의 가피가 널리 퍼져 많은 중생들이 그 공덕을 함께 누릴 수 있기를 기원합니다.
- **사바하**(娑婆訶): 이 모든 뜻과 공덕이 원만히 이루어지고 성취되어 모든 중생들에게 회향되기를 발원하는 의미입니다.

이 구절을 독송하면서, 수행을 통해 얻은 모든 공덕과 지혜가 내 삶 속에 구체적으로 나타나고, 그것이 더 나아가 많은 중생에게까지 널리 퍼지도록 회향하는 마음을 가지십시오.

㉑ **니라간타야 사바하**

- **니라간타**(尼囉干陀): 중생의 모든 괴로움을 대신 짊어지신 청경(靑頸) 관세음보살의 자비롭고 숭고한 모습을 나타냅니다.
- **사바하**(娑婆訶): 이 원력과 공덕이 수행자에게 온전히 성취되기를 기원하는 의미입니다.

이 구절을 독송하며, 중생의 아픔을 함께하시는 관세음보살의 깊은 자비심이 내 마음속에 자리 잡기를 기원하십시오. 관세음보살의 원력을 따라 모든 두려움과 장애를 극복하고, 바른 진리의 길로 나아가게 될 것입니다.

㉒ 바라하 목카싱하 목카야 사바하

- **바라하**(婆囉訶): 관세음보살의 위대하고 넓은 보호를 의미합니다.
- **목카싱하**(目佉獅子): 사자처럼 강력하고 당당한 보호의 힘으로, 수행자의 모든 장애를 제거하는 에너지를 나타냅니다.
- **목카야**(目佉耶): 수행자를 얽매고 있는 모든 업장과 번뇌를 끊어내고, 장애를 없애는 힘을 의미합니다.

이 구절을 독송하며, 내 삶의 모든 장애와 어려움이 관세음보살의 사자 같은 강력한 보호 아래 소멸되어, 깨달음과 자유를 향한 걸음이 더욱 당당해지기를 기원하십시오.

㉓ 바나마 하따야 사바하

- **바나마**(般那摩): 진흙 속에서도 청정함을 잃지 않고 아름답게 피어나는 연꽃처럼, 깨달음과 청정한 마음을 상징합니다.
- **하따야**(訶怛耶): 수행자의 삶에 지혜와 자비의 빛이 가득

히 깃들어, 깨달음의 길을 비추는 것을 나타냅니다.

이 구절을 독송할 때는, 내 마음도 연꽃처럼 맑고 깨끗한 지혜와 자비를 품고, 부처님의 가르침대로 올바르게 살아갈 수 있기를 간절히 발원하십시오.

㉔ 자가라 욕다야 사바하

- **자가라**(遮迦囉): 수행자의 삶을 방해하는 모든 부정적인 악업과 장애를 없애는 강력한 힘을 나타냅니다.
- **욕다야**(育多耶): 꾸준한 수행과 정진을 통해 바른 깨달음의 길을 걸어가는 수행자의 굳은 다짐과 노력을 의미합니다.

이 구절을 독송하면서 내가 지은 모든 악업과 장애를 끊어내고, 언제나 올바른 수행의 길을 걸어갈 수 있도록 마음을 단단히 하시기를 바랍니다.

㉕ 상카섭나녜 모다나야 사바하

- **상카섭나녜**(商佉攝囉涅): 관세음보살의 자비로운 보호와 방어의 힘으로, 수행자가 어떠한 어려움이나 두려움에도 흔들리지 않도록 지켜주는 것을 의미합니다.
- **모다나야**(摩怛那耶): 수행자 주변에 있는 모든 부정적인 기운과 장애를 깨끗하게 정화하여, 수행의 환경을 맑고 밝게 유지하는 힘을 나타냅니다.

이 구절을 독송하며, 관세음보살의 자비로운 보호가 항상 나를 감싸주고 있음을 기억하십시오. 수행을 방해하는 모든 부정적인 기운이 사라지고, 수행의 길 위에서 언제나 맑고 밝은 마음을 유지할 수 있도록 간절히 기원하십시오.

㉖ 마하라 구타다라야 사바하

- **마하라(摩訶羅)**: 위대하고 숭고한 수행, 한없이 넓은 마음으로 진리를 향해 나아가는 자세를 나타냅니다.
- **구타다라야(俱多怛羅耶)**: 수행자가 올바른 길 위에서 부처님의 가르침을 실천하며 깨달음을 향해 나아가는 의미입니다.

이 구절을 독송하며, 나의 수행이 관세음보살의 자비로운 가피 아래 보호받으며, 바른 길을 따라 꾸준히 정진하여 마침내 진리를 깨닫기를 간절히 기원하십시오.

㉗ 바마사간타 이사시체다 가릿나 이나야 사바하

- **바마사간타(婆摩薩干多)**: 수행자의 몸과 마음에 쌓인 모든 업장이 정화되고 깨끗이 소멸되는 것을 의미합니다.
- **이사시체다(伊薩時遮多)**: 평온하고 안정된 마음을 유지하며, 수행의 여정 속에서도 흔들리지 않는 견고한 내면을 나타냅니다.
- **가릿나 이나야(迦利那 伊那耶)**: 수행을 통해 얻은 지혜와 자

비를 삶 속에서 실제로 실천하는 마음가짐입니다.

이 구절을 독송할 때, 과거에 쌓인 업장이 모두 소멸되고, 마음이 늘 평온하고 고요한 상태에서 지혜와 자비를 실천하며 살아갈 수 있기를 기원하십시오.

㉘ 먀가라잘마 이바사나야 사바하

- **먀가라잘마**(麼伽囉遮羅摩): 수행자의 모든 번뇌와 장애를 말끔히 씻어내어, 깨끗하고 맑은 본성을 회복하는 것을 의미합니다.
- **이바사나야**(伊婆娑那耶): 깨끗한 마음으로 수행을 지속하며, 수행을 통해 얻어지는 올바른 지혜를 나타냅니다.

이 구절을 독송하며, 나의 마음속 모든 번뇌가 깨끗이 씻기고, 수행의 길 위에서 올바른 지혜가 자라나기를 간절히 발원하십시오.

㉙ 나모 라다나 다라 야야 나막 알약 바로기제 새바라야 사바하

- 신묘장구대다라니의 마지막 구절로, 처음의 구절을 다시 독송함으로써 수행의 완전한 완성을 상징합니다. 수행이 다시 처음의 마음과 연결되어 끝없는 순환과 회향(廻向)을 나타냅니다.

- 이 마지막 구절은 수행을 통해 얻어진 모든 공덕이 온 법계의 중생에게 널리 퍼져서, 모든 존재들이 함께 고통에서 벗어나 깨달음의 세계로 나아가기를 바라는 의미가 담겨 있습니다.

이 구절을 독송할 때는 지금까지의 모든 수행이 나 혼자만을 위한 것이 아니라, 모든 중생과 함께하는 것임을 기억하고, 내가 얻은 공덕을 모든 중생과 나누기를 간절히 기원하십시오.

이처럼 신묘장구대다라니의 각 구절을 깊이 이해하고 정성껏 독송하면, 관세음보살의 무한한 자비와 가피가 내 삶 속에 충만하게 될 것입니다. 그렇게 되면 우리의 삶은 날마다 맑고 밝아져, 진정한 수행의 길을 걸어갈 수 있게 됩니다.

4. 신묘장구대다라니를 꾸준히 독송하면 어떤 변화가 찾아올까요?

신묘장구대다라니는 관세음보살의 자비와 원력이 담긴 신비한 수행입니다. 이 다라니를 꾸준히 독송하다 보면, 여러분의 삶과 마음속에 아주 작고 따뜻한 변화들이 자연스럽게 일어나는 것을 느낄 수 있을 것입니다.

처음에는 잘 느껴지지 않을 수도 있습니다. 하지만 조금씩 독송하는 습관을 들이다 보면, 어느 순간 마음이 고요해지고 차분해지는 경험을 하게 됩니다. 불안과 걱정이 조금씩 줄어들고, 마음 깊은 곳에서 편안한 안정을 느끼게 됩니다.

또한 신묘장구대다라니는 삶 속에서 알게 모르게 쌓아온 부정적인 업을 점차 맑게 정화해줍니다. 그래서 뜻하지 않게 좋은 일들이 찾아오기도 하고, 막혔던 일이 풀리는 것을 경험하게 됩니다.

무엇보다도, 독송을 지속할수록 마치 따뜻한 품에 안긴 듯 관세음보살의 보호와 가피를 느끼게 됩니다. 힘들고 어려운 순간에도 혼자가 아니라는 믿음이 생기고, 그 믿음 덕분에 어려움을 잘 이겨내게 됩니다.

이렇게 꾸준히 독송하다 보면, 수행에 대한 자신감이 조금씩 자라고, 바라는 일이 자연스럽게 이루어지는 기쁨도 맛볼 수 있습니다.

오늘부터 하루에 한 번씩, 잠시 시간을 내어 신묘장구대다라니를 독송해보시기 바랍니다. 큰 노력을 들이지 않아도 괜찮습니다. 조용히 앉아 다라니를 독송하는 그 시간이, 여러분의 삶에 소중하고 따뜻한 변화들을 가져다줄 것입니다.

이것이 바로 천수경 수행이 주는 깊고 아름다운 선물이며, 신묘장구대다라니가 우리에게 주는 따뜻한 가피입니다.

7장

준제진언
소원을 성취하는 수행법

1. 준제진언이란 무엇인가?

 천수경에는 다양한 진언이 등장하지만, 특히 많은 불자들이 소원을 이루기 위해 간절한 마음으로 독송하는 진언이 있습니다. 바로 준제진언(准提眞言)입니다. 준제진언은 오래전부터 불자들 사이에서 "소원을 성취하게 하는 신비한 주문"으로 잘 알려져왔습니다. 이 진언은 개인의 소원을 넘어 우리 마음 속 깊은 곳에 있는 장애와 부정적인 업을 소멸하고, 삶의 길을 밝게 열어주는 강력한 수행 방법입니다.
 준제보살(准提菩薩)은 흔히 칠구지불모(七俱胝佛母)라고도 불립니다. 이 말은 '수많은 부처님의 어머니'라는 의미로, 준제보살이 여러 부처님의 원력과 공덕을 한 몸에 모아 중생을 이끌어주시는 대자대비한 보살님임을 뜻합니다. 준제보살은 모든 중생이 가진 번뇌와 장애를 소멸시키고, 원하는 바를 성취할 수 있도록 자비로이 돕는 보살입니다.

불교 경전에서는 준제진언을 독송하는 사람은 업장이 점점 맑아지고, 장애가 사라지며, 원하는 바가 자연스럽게 이루어진다고 말씀하고 있습니다. 실제로 준제진언을 꾸준히 독송한 많은 불자들이 "막혔던 일이 풀렸다", "생각지도 않은 좋은 일이 생겼다"며 이 진언의 가피를 경험했다고 합니다.

그러나 준제진언은 단순히 개인의 소원을 이루기 위한 도구가 아닙니다. 이 진언은 우리가 살아가면서 겪는 고통과 어려움을 지혜롭게 이겨내고, 삶의 진정한 의미를 찾게 하는 깊은 수행법이기도 합니다. 준제진언을 독송하면 마음의 번뇌가 줄어들고, 자비와 지혜가 서서히 피어나 우리의 삶을 풍요롭게 합니다.

준제진언을 독송하면서 마음의 문을 활짝 열고, 간절한 바람을 담아보시길 권해드립니다. 그렇게 녹송을 지속하다 보면, 여러분이 원하는 길이 자연스럽게 열리고, 삶이 점차 밝고 원만해지는 것을 느끼게 될 것입니다.

그럼 이제 준제진언의 의미와 구체적인 수행법에 대해 조금 더 편안하게 살펴보겠습니다.

2. 준제진언의 의미

나무 사다남 삼먁삼못다 구치남 다냐타 옴 자례 주례 준제 사바하 부림

준제진언은 간단한 듯하면서도 그 안에 깊고 풍성한 의미가 담겨 있습니다. 각 구절이 가진 의미를 천천히 살펴보며, 그 뜻을 마음에 새겨보겠습니다.

① 나무 사다남 삼먁삼못다 구치남

- **나무**(南無): "귀의합니다"라는 뜻으로, 간절한 마음으로 부처님의 가르침을 따르겠다는 다짐을 담고 있습니다.
- **사다남**(薩怛南): 칠구지불모(七俱胝佛母)로 불리는 준제보살의 근본적인 힘을 뜻하며, 무량한 부처님을 상징합니다.
- **삼먁삼못다**(三藐三菩陀): 완전한 깨달음을 의미하는 정등각(正等覺)을 뜻합니다. 이 깨달음은 편견이나 집착 없이 완벽히 균형 잡힌 지혜입니다.
- **구치남**(俱胝南): 수없이 많은, 헤아릴 수 없이 많은 부처님을 의미합니다.

이 구절 전체는 "무수한 부처님께 귀의하며, 그분들의 완전한 깨달음을 본받고 따르겠습니다."라는 깊은 서원을 담고 있습니다.

② 다냐타 옴 자례 주례 준제 사바하 부림

- **다냐타**(怛姪他): "이제 다음과 같이 간절히 말씀드립니다" 라는 뜻입니다. 이 말은 진언을 독송하기에 앞서 마음을 집중하는 신호와도 같습니다.
- **옴**(唵): 모든 부처님과 보살님과 연결되는 신성한 소리로, 진언의 시작을 알리며 우리의 마음을 맑고 밝게 합니다.
- **자례**(折隸): 모든 두려움과 불안함을 없애는 강력한 힘을 상징합니다. 이 소리를 독송하는 순간 우리 마음속 두려움이 점차 사라지게 됩니다.
- **주례**(主隸): 모든 상황과 환경을 바르게 다스릴 수 있는 지혜와 힘을 나타냅니다. 이 힘으로 우리 삶의 어려움을 슬기롭게 극복할 수 있습니다.
- **준제**(准提): 준제보살의 신비로운 가피와 보호의 힘을 나타내며, 소원을 성취하게 하는 보살의 이름이기도 합니다.
- **사바하**(娑婆訶): 모든 기원이 원만하게 성취되기를 바라는 마음입니다. 이 말은 진언이 완성되고 그 공덕이 실현되기를 바라는 서원입니다.
- **부림**(部林): 장애를 제거하고, 마음을 편안하게 해주는 신

비한 힘이 담긴 소리입니다. 이 소리를 독송하면 마음의 장애가 제거되고, 보다 편안한 상태가 됩니다.

이 구절 전체는 "준제보살님의 가피를 받아, 모든 두려움과 장애가 사라지고, 원하고 바라는 모든 일이 원만하게 성취되기를 간절히 바랍니다"라는 따뜻한 기원을 담고 있습니다.

준제진언은 단순히 개인적인 소원을 이루기 위한 주문이라기보다는, 우리 마음을 맑고 밝게 하여 삶의 어려움과 장애를 극복할 수 있게 하는 깊은 수행법입니다. 이 진언을 정성껏 독송하다 보면 자연스럽게 마음이 편안해지고, 삶의 길이 환하게 열리는 체험을 할 수 있을 것입니다.

지금 이 순간, 가벼운 마음으로 준제진언을 한 번 독송해보시는 것도 좋겠습니다. 그 따뜻한 울림이 여러분의 마음을 부드럽게 감싸줄 것입니다.

3. 준제진언을 독송하면 어떤 변화가 있을까?

많은 불자들이 준제진언을 독송하며 신기하고 놀라운 경험을 하곤 합니다. 준제진언을 꾸준히 독송할 때 자연스럽게 다음과 같은 변화가 우리 삶에 다가오게 됩니다.

첫째, 업장이 정화되며 수행의 길이 열립니다.

우리는 살아가면서 알게 모르게 다양한 업(業)을 짓습니다. 이 업이 마음을 흐리게 하고, 수행을 방해하기도 합니다. 준제진언을 정성스럽게 독송하다 보면 과거의 나쁜 업이 서서히 씻겨나가고, 마음이 맑아지는 경험을 하게 됩니다. 그렇게 되면 막혔던 수행의 길이 다시 열리고, 집중력과 깨달음을 얻는 힘이 더욱 강해집니다.

둘째, 원하는 일이 성취되는 경험을 하게 됩니다.

많은 불자들이 준제진언을 간절히 독송하며 중요한 시험이나 사업, 인간관계에서 도움을 얻었다고 이야기합니다. 이 진언을 독송하면 마음의 힘이 커지고 집중력이 높아져 원하는 바가 이루어지는 경험을 하게 됩니다. 실제로 삶에서 중요한 순간, 준제진언을 독송한 후 마음이 차분해지고 뜻밖의 좋은 결과를 얻었다고 고백하는 분들이 많습니다.

셋째, 마음속 장애와 불안이 줄어듭니다.

우리 마음속에는 여러 가지 번뇌와 걱정이 쌓여 있습니다. 준제진언을 독송하면 이런 내적인 장애와 삶의 어려움 같은 외적인 장애가 점차 사라지는 경험을 합니다. 마음속에서 불안이 사라지고, 밝고 긍정적인 생각으로 가득 차게 됩니다. 진언을 꾸준히 독송할 때마다 마음이 편안해지고, 삶을 맑은 눈으로 바라볼 수 있게 되는 것이지요.

넷째, 보호받는 느낌을 받으며 좋은 인연이 찾아옵니다.
준제진언을 독송하면 신기할 정도로 주변의 인연들이 좋아지는 경험을 합니다. 이전에는 해결되지 않았던 어려움이 자연스럽게 해결되고, 뜻밖의 좋은 사람과 인연이 닿기도 합니다. 준제보살님의 가피 속에서 보호받고 있다는 느낌을 받으며, 예상치 못한 도움과 은혜를 경험하게 되는 것입니다.

준제진언은 단순히 원하는 소망만을 이루기 위한 주문이 아니라, 우리 삶 전체를 부처님의 가르침과 연결해주는 수행입니다. 진언을 독송하는 순간 우리의 마음은 이미 준제보살님의 가피를 받고 있습니다.
지금 잠시라도 준제진언을 조용히 독송해보시면 어떨까요? 그 작고 소박한 시작이 여러분의 삶에 뜻밖의 변화를 가져다줄지도 모릅니다.

4. 준제진언을 일상에서 실천하는 방법

준제진언의 진정한 힘은 특별한 순간에만 빛나는 것이 아닙니다. 매일 꾸준히 실천할 때, 삶 전체가 맑아지고 수행의 힘이 커지는 것을 느낄 수 있습니다. 누구나 어렵지 않게 실천할 수 있는 방법들을 편안한 마음으로 함께 살펴보겠습니다.

첫째, 하루에 한 번이라도 꾸준히 독송해보세요.

많은 분들이 진언 수행을 어렵게 생각하지만, 사실 하루에 한 번이라도 진심을 담아 독송하면 충분합니다. 마음이 편안할 때, 또는 하루를 시작하거나 마무리할 때 독송하는 습관을 만들어보세요. 가능하다면 7번, 21번, 또는 108번처럼 자신에게 편한 횟수를 정해 반복하면 더욱 효과적입니다.

둘째, 명상이나 기도를 시작할 때 독송하면 더욱 집중됩니다.

마음이 산란하거나 번잡할 때, 준제진언을 몇 번 독송하면 자연스럽게 마음이 안정되고 집중력이 높아집니다. 명상이나 기도를 시작할 때 준제진언을 조용히 3번 정도 독송하면 마음이 차분해지고 수행에 몰입하는 힘이 생깁니다.

셋째, 간절한 소원을 담아 독송해보세요.

우리가 어떤 소원을 이루고 싶을 때, 그 마음을 담아 준제진언을 독송하면 더욱 좋은 결과를 얻을 수 있습니다. 단순히 주문을 읽는 것이 아니라, 자신의 간절한 마음을 진언 속에 담아 수행해보세요. 이렇게 원력을 세우고 독송하다 보면 자연스럽게 마음의 힘이 강해지고 원하는 일이 이루어지는 경험을 하게 됩니다.

넷째, 수행 후에는 꼭 회향(廻向)하면 좋습니다.
진언 수행의 가장 아름다운 마무리는 바로 '회향'입니다. 내가 얻은 작은 공덕을 나 혼자만의 것이 아니라, 세상의 모든 중생과 함께 나누겠다는 마음을 담아 기도하면 더욱 큰 가피를 받을 수 있습니다. "이 수행의 공덕이 나와 주변 모든 존재에게 회향되기를 바랍니다"라고 진심을 담아 기도해보세요.

지금 바로 한 번 준제진언을 독송해보시는 건 어떨까요? 소리 내어 읽어도 좋고, 마음속으로 조용히 읊조려도 좋습니다. 작은 실천 하나하나가 모여 어느 순간 여러분의 삶에 놀라운 변화를 가져다줄 것입니다.

5. 준제진언을 꾸준히 독송하면 어떤 변화가 있을까요?

준제진언을 꾸준히 독송하다 보면, 어느 순간 마음 깊은 곳에서부터 조용히 변화가 일어나는 것을 느낄 수 있습니다. 처음에는 잘 느껴지지 않더라도, 시간이 흐르면서 자연스럽게 다음과 같은 변화를 경험하게 됩니다.

첫째, 마음이 한결 차분해지고 편안해집니다.

불안하고 걱정스러운 마음이 자주 일어났다면, 진언을 꾸준히 독송하는 과정에서 점점 그런 감정들이 줄어드는 것을 느낄 수 있을 것입니다. 마음속 깊이 평화와 안정감이 자리 잡기 시작할 것입니다.

둘째, 쌓여 있던 업장이 조금씩 정화됩니다.

우리가 살아가며 알게 모르게 쌓아온 부정적인 업이 정화되고, 밝고 긍정적인 에너지가 삶에 들어오게 됩니다. 이로 인해 삶에 좋은 일들이 하나씩 나타나고, 자연스럽게 긍정적인 변화가 찾아옵니다.

셋째, 준제보살님의 가피를 체험하게 됩니다.

진언을 독송할 때마다 준제보살님의 자비로운 에너지를 느끼게 되고, 마치 항상 보호받고 있다는 따뜻한 느낌이 듭니다. 삶이 힘들거나 두려움이 느껴질 때도 보이지 않는 따뜻한 보호의 손길을 체험하게 됩니다.

넷째, 원하는 바가 조금씩 이루어집니다.

간절한 소원을 가지고 독송하면 그 소망이 현실로 이루어지는 기적과 같은 경험을 할 수 있습니다. 집중력이 높아지고 긍정적인 에너지가 강해져서, 막혀 있던 일들이 부드럽게 풀리며 길이 열리게 됩니다.

이 모든 것이 바로 천수경 수행의 힘이며, 준제진언을 통해 받을 수 있는 귀한 가피입니다. 편안한 마음으로 하루 한 번이라도 꾸준히 준제진언을 독송하며, 삶이 밝아지고 더 깊은 수행의 세계로 나아가시길 진심으로 바랍니다.

8장

정법계진언
법계를 정화하는 수행

1. 정법계진언이란 무엇인가?

불교에서는 우리가 살아가는 이 세상 자체가 곧 수행의 장(場)이며, 우리가 경험하는 모든 환경이 수행을 위한 귀한 기회라고 가르칩니다. 하지만 수행을 하다 보면 때로는 마음이 산란해지기도 하고, 주변 환경의 부정적인 에너지로 인해 수행에 어려움을 겪기도 합니다.

정법계진언(淨法界眞言)은 수행하는 공간뿐 아니라 수행자를 둘러싼 법계(法界) 전체를 맑게 정화하여, 우리 마음이 편안하고 차분하게 수행에 몰입할 수 있도록 돕는 강력한 진언입니다. 법계란 우리가 살아가는 세상 모든 존재와 그들이 맺고 있는 관계 전체를 말합니다.

우리가 수행을 하려면 몸과 마음만 깨끗해서 되는 것이 아니라, 주변 환경과 에너지까지 맑아야 합니다. 특히 수행자를 방해하는 번뇌(煩惱), 잡념, 또는 보이지 않는 장애(障礙)들이 우리의 수행을 방해할 수 있습니다. 그러나 정법계진언을 독송하면, 그러한 부정적인 기운들이 정화되고, 수행자의 내면과 외면 모두가 청정한 상태로 바뀌는 체험을 하게 됩니다.

정법계진언은 단순히 기도하는 차원을 넘어, 우리가 있는 그 공간과 주변을 맑고 깨끗하게 하여, 보다 깊고 효과적인 수행을 할 수 있도록 돕는 매우 특별한 진언입니다.

그렇다면 정법계진언은 어떤 의미를 담고 있고, 어떻게 일상에서 실천할 수 있을지, 함께 차근차근 알아보겠습니다.

2. 정법계진언의 의미

옴 남 (3번 독송)

정법계진언은 매우 짧은 주문이지만, 그 안에 깊고 신비한 의미가 담겨 있습니다.
- **옴(唵)**: 모든 불보살과 연결되는 근본적인 소리입니다. 이 소리는 우리가 마음을 고요히 하고 집중할 수 있게 하

며, 부처님의 에너지와 연결되는 통로 역할을 합니다.
- 남(藍): 본래 산스크리트어로는 '람(藍)'으로 발음되며, 불교에서는 청정(淸淨), 즉 모든 번뇌와 장애가 깨끗하게 소멸되는 상태를 의미합니다. 이 진언을 독송할 때마다 우리 마음과 주변 환경이 밝고 맑아지는 것을 느낄 수 있습니다.

이렇게 정법계진언은 우리 주변의 모든 공간과 수행자의 마음을 맑고 깨끗하게 만들어줍니다. 수행을 시작하기 전이나 수행 도중 마음이 산란해질 때 이 진언을 천천히 독송하면, 번뇌와 잡념이 줄어들고, 마음 깊은 곳에서부터 맑은 기운이 차오르는 것을 느끼게 됩니다.

정법계진언은 단순히 주문을 반복하는 것이 아니라, "지금 이 순간, 내 마음과 내가 있는 이 공간 전체가 부처님의 맑고 청정한 에너지로 가득하기를 바랍니다"라는 따뜻하고 간절한 마음을 담아 독송하는 것이 중요합니다.

이 짧은 진언을 꾸준히 독송하다 보면, 자신도 모르게 삶의 공간이 정화되고, 수행의 길이 더욱 밝고 편안해지는 놀라운 경험을 하게 됩니다.

3. 정법계진언을 독송하면 어떤 변화가 있을까요?

정법계진언은 길이가 짧고 독송하기 쉬워서 많은 불자님들이 즐겨 독송하는 진언 중 하나입니다. 이 진언을 꾸준히 독송하다 보면, 자연스럽게 다음과 같은 변화들이 마음과 삶 속에 스며드는 것을 느끼게 됩니다.

첫째, 수행하는 공간이 맑아지고 집중력이 높아집니다.
수행하는 공간의 청정함은 수행의 깊이와 밀접하게 연결되어 있습니다. 이 진언을 부드럽게 독송하다 보면, 어느새 자신도 모르게 주변 공간이 편안하고 깨끗하게 느껴지며, 마음이 더욱 안정되어 수행에 몰입할 수 있는 환경이 만들어집니다.

둘째, 부정적인 에너지가 줄어들고, 보호받는 느낌이 생깁니다.
살다 보면 이유 없이 불안하거나 불편한 기운을 느낄 때가 있습니다. 이럴 때 정법계진언을 천천히 독송하면, 마음속 불안과 잡념이 자연스럽게 사라지면서 편안하고 보호받고 있다는 따뜻한 느낌을 받을 수 있습니다. 옛날부터 사찰에서도 법회를 시작하기 전에 이 진언을 독송하여 공간을 정화하곤 했습니다.

셋째, 몸과 마음이 맑아지며, 수행이 더욱 깊어집니다.

마음이 편안해지고 맑아지면 신체의 긴장도 자연스럽게 풀어지며, 마음이 더 맑고 밝게 변화하는 경험을 하게 됩니다. 정법계진언을 꾸준히 독송하면 내면의 번뇌가 점차 사라지고, 더욱 깊이 있는 수행으로 나아가는 데 큰 도움이 됩니다.

넷째, 수행의 공덕을 널리 온 법계에 회향할 수 있습니다.

수행은 개인의 행복과 깨달음만을 위한 것이 아니라, 모든 중생이 함께 평화롭고 행복해지는 데 목적이 있습니다. 정법계진언을 독송하며 "이 수행이 나뿐만 아니라 온 세상 모든 존재들에게 긍정적인 에너지로 전해지기를 바랍니다"라는 마음을 담으면, 공덕이 더욱 커지고 넓게 퍼지게 됩니다.

정법계진언은 짧지만 매우 깊은 힘을 가진 진언입니다. 지금 잠시 마음을 편안히 하고, 한번 독송해보세요. 그 순간부터 여러분의 삶과 수행에 맑고 깨끗한 변화가 시작될 것입니다.

4. 정법계진언을 일상에서 편안하게 실천하는 방법

첫째, 수행을 시작하기 전에 독송하면 더 집중할 수 있습니다.

기도나 명상을 시작하기 전에 잠시 마음을 가다듬고 이 진언을 세 번 독송해보세요. 짧은 시간이지만 이 작은 실천만으로도 수행하는 공간이 맑아지고, 자연스럽게 마음이 편안하게 집중되는 것을 느낄 수 있습니다.

둘째, 자주 머무는 공간을 깨끗하고 편안하게 정리해보세요.
수행처나 가정의 한 공간을 정갈하게 정리하고 가끔 향을 피우면서 정법계진언을 독송해보세요. 정리된 공간은 마음을 차분하게 만들어 수행의 효과를 높이며, 일상의 삶도 더욱 편안해질 수 있도록 도와줍니다.

셋째, 마음이 불안할 때나 부정적인 기운을 느낄 때 독송해보세요.
살다 보면 가끔 이유 없이 마음이 불편하거나 불안할 때가 있습니다. 이럴 때 조용히 앉아 마음속으로 이 진언을 반복해보세요. 어느새 마음이 가라앉고, 맑고 안정된 느낌이 퍼지는 것을 체험하게 될 것입니다.

넷째, 하루를 시작하거나 마무리할 때 편안하게 독송해보세요.
하루의 시작은 그날의 전체 흐름을 좌우합니다. 아침에 잠시 정법계진언을 독송하면 마음이 밝고 안정되어 하루를 더

기분 좋게 시작할 수 있습니다. 하루를 마무리할 때 독송하면 하루 동안 쌓인 피로와 스트레스가 부드럽게 풀어지고, 더 편안하고 깊은 잠을 청할 수 있게 됩니다.

지금 이 순간, 마음 편히 정법계진언을 독송해보세요. 소리 내어 부드럽게 읊조려도 좋고, 마음속으로 편안히 따라 읽어도 좋습니다. 그 진언의 부드러운 울림과 편안함이 몸과 마음 전체에 고요히 퍼지는 것을 천천히 느껴보시기 바랍니다.

3부

천수경의 수행과 실천

천수경을 실질적인 수행으로 연결하는 방법

1장

사홍서원
불자의 네 가지 큰 서원

1. 사홍서원이란?

천수경 수행에서 빼놓을 수 없는 중요한 부분이 바로 사홍서원(四弘誓願)입니다.

사홍서원은 모든 불자들이 마음 깊숙한 곳에서 세워야 할 네 가지 큰 다짐이자 원력(願力)을 뜻합니다. 불자로서 내가 어떤 삶을 살아야 하고, 어떤 방향으로 수행해나가야 하는지를 분명히 밝히고, 마음을 모으는 수행입니다.

사홍서원은 단지 주문이나 기도문이 아닙니다. 그것은 수행자의 진심 어린 결심이며, 내 삶의 방향을 바꾸겠다는 다짐입니다. 삶이 복잡하고 어려운 순간에도 흔들리지 않고 부처님의 가르침을 따라 살겠다는 굳은 마음의 표현입니다.

불교는 깨달음이 나 혼자만을 위한 것이 아니라, 모든 중생과 함께 이루어져야 한다고 가르칩니다. 내가 깨닫고 행복해지기 위해 수행하는 것이 아니라, 나의 깨달음과 수행이 주변의 모든 중생들에게도 함께 나누어져야 한다는 뜻입니다. 그래서 사홍서원은 '나'라는 좁은 울타리를 넘어, '우리 모두'를 향한 수행자의 열린 마음을 표현합니다.

사홍서원은 우리가 매일 천수경을 독송할 때 반복하는 가장 소중한 순간입니다. 이 서원을 읽으며 마음을 차분히 가다듬고, 나의 삶과 수행을 돌아보며 스스로에게 질문하는 시간을 갖는 것이 중요합니다.

이제, 사홍서원의 구체적인 의미와 실천 방법을 천천히 살펴보면서, 우리 삶에 어떻게 적용할 수 있을지 함께 생각해보겠습니다. 편안한 마음으로 함께 읽어보시면 좋겠습니다.

2. 사홍서원의 네 가지 서원

사홍서원은 불자의 삶에서 가장 깊고 의미 있는 다짐이며, 우리가 일상에서 꾸준히 실천해야 할 네 가지 원력을 담고 있습니다. 하나씩 살펴보면서 마음에 새기고, 삶 속에서 작은 실천이라도 해보시면 더욱 좋겠습니다.

① 중생무변서원도(衆生無邊誓願度)

"중생이 아무리 많고 끝이 없더라도, 저는 그들을 모두 구제하겠습니다."

이 서원은 자비의 마음을 가장 깊고 넓게 나타냅니다. 우리 주변에는 셀 수 없이 많은 사람들이 고통과 번뇌 속에 살아갑니다. 나 혼자만 편안하고 행복해지는 것이 아니라, 함께 살아가는 모든 이들의 괴로움까지 이해하고 덜어주려는 마음입니다.

중생무변서원도는 관세음보살이 지니셨던 바로 그 마음입니다. 나와 함께하는 가족, 친구, 동료들뿐만 아니라 이 세상 모든 존재를 위해 내가 먼저 작은 배려와 따뜻한 말을 실천하는 것부터 시작할 수 있습니다.

② 번뇌무진서원단(煩惱無盡誓願斷)

"내 안의 번뇌가 아무리 끝이 없다고 하더라도, 저는 그것을 모두 끊겠습니다."

우리 마음속에는 끝없는 번뇌가 찾아옵니다. 욕심, 분노, 어리석음(탐·진·치)이 끊임없이 올라와 마음을 혼란스럽게 합니다. 이 서원은 내 마음을 고요히 다스리고, 탐욕과 화를 내려놓으며, 지혜로운 삶을 살아가겠다는 다짐입니다.

매일 한 번씩 마음을 돌아보면서, 조금씩 번뇌를 내려놓는 연습을 하다 보면 자연스럽게 이 서원이 내 삶의 일부가 됩니다.

③ **법문무량서원학**(法門無量誓願學)

"부처님의 가르침이 아무리 많고 끝이 없다고 하더라도, 저는 끝없이 배우겠습니다."

이 서원은 늘 배우는 마음으로 살아가겠다는 뜻입니다. 부처님의 가르침은 책 속에만 있는 것이 아니라 우리가 일상에서 마주치는 모든 일에 담겨 있습니다. 삶에서 일어나는 모든 일을 통해서 지혜를 배우고 성장하겠다는 마음입니다. 매일 조금씩이라도 경전을 읽고, 삶에서 겪는 어려움이나 만남을 통해 작은 깨달음을 얻는다면 이 서원이 자연스럽게 실천될 것입니다.

④ **불도무상서원성**(佛道無上誓願成)

"부처님의 길이 아무리 높고 위대하다고 하더라도, 저는 반드시 그 길을 성취하겠습니다."

이 마지막 서원은 우리가 가는 길이 결코 쉽지 않다는 것을 알고도 끝까지 포기하지 않고 깨달음을 향해 나아가겠다는 강한 다짐입니다. 부처님께서 가신 길은 멀고 험하지만, 조금씩이라도 꾸준히 정진하면 언젠가는 반드시 도달할 수 있습니다.

포기하고 싶은 순간마다 이 서원을 떠올리며, 한 걸음 더 앞으로 나아가보세요.

사홍서원은 불자의 삶을 단순한 기도나 의례에서 그치지 않고, 실제로 내 삶에서 실천하는 수행으로 만들어줍니다. 이 네 가지 다짐을 매일 조금씩 실천하며 살아간다면, 우리 삶이 더욱 맑아지고 의미 있어질 것입니다. 오늘부터 편안한 마음으로 사홍서원을 함께 실천해보시면 좋겠습니다.

3. 사홍서원을 하나씩 살펴보기

사홍서원은 단순한 다짐이 아니라, 우리가 매일 삶에서 꾸준히 실천해나갈 수 있는 구체적인 수행입니다. 어렵게 느껴질 수도 있지만, 편안한 마음으로 작은 실천부터 하나씩 시작하면 좋습니다.

① 중생무변서원도: "모든 중생을 제도하겠습니다"

불교의 가장 큰 특징 중 하나는 혼자만의 행복을 넘어 모두가 함께 행복하고 깨달음을 얻는 길을 강조한다는 점입니다.

이 서원은 모든 사람을 이해하고 돕겠다는 마음의 표현입니다. 어렵고 힘든 사람을 보면 외면하기 쉽지만, 아주 작은 관심과 따뜻한 말 한 마디만으로도 큰 힘이 됩니다.

실천 방법:

- 주변의 어려운 사람을 그냥 지나치지 말고 잠시 멈춰서 도울 방법을 생각해보세요.
- 가족이나 친구에게 하루에 한 번이라도 따뜻한 격려나 감사의 말을 전해보세요.
- 작은 친절과 배려를 통해 주변 사람들의 삶을 더 밝고 따뜻하게 만드는 연습을 해보세요.

② **번뇌무진서원단: "번뇌를 모두 끊겠습니다"**

우리는 살아가면서 매일 수많은 번뇌를 경험합니다. 욕심이 많아지고 화가 나거나, 불안과 걱정이 끊임없이 찾아옵니다. 그러나 그런 번뇌를 그대로 따라가지 않고 스스로 알아차리며 마음을 다스리는 것이 중요합니다.

실천 방법:

- 화가 나거나 속상한 일이 있을 때 바로 반응하지 말고 잠시 멈추고 숨을 크게 한 번 쉬어보세요.
- 하루가 끝나면 조용히 마음을 돌아보며 오늘 하루 동안 나를 흔들었던 번뇌가 무엇이었는지 살펴보세요.

- 불필요한 걱정과 근심 대신 지금 이 순간에 집중하며 마음을 편안하게 유지해보세요.

③ 법문무량서원학: "부처님의 가르침을 끝없이 배우겠습니다"

불교는 단순한 신앙이 아니라, 늘 배우고 실천하는 수행입니다. 부처님의 가르침은 무한히 넓고 깊지만, 작은 배움도 매일 꾸준히 하다 보면 어느새 큰 지혜로 자라납니다.

실천 방법:

- 매일 아주 짧은 경전의 구절이라도 읽고, 그 의미를 마음 속에 담아보세요.
- 법문을 들었을 때 감동이나 영감을 받은 부분을 마음에 새기고 실천으로 연결해보세요.
- 배운 가르침을 나 혼자만 간직하지 말고, 주변 사람들과 함께 나누고 이야기하는 시간을 가져보세요.

④ 불도무상서원성: "반드시 깨달음을 이루겠습니다"

깨달음이란 갑자기 찾아오는 특별한 체험이 아닙니다. 매일 꾸준히 한 걸음씩 나아가는 과정이며, 내가 오늘 실천하는 작은 습관들이 모여 이루어지는 것입니다.

실천 방법:

- 하루에 한 가지씩이라도 좋은 습관을 정해 꾸준히 실천

해보세요. 예를 들어 아침 명상, 하루 5분의 독송, 자기 전에 하루를 돌아보는 시간 등입니다.
- 고치고 싶은 나쁜 습관이나 버릇이 있다면, 작은 것부터 조금씩 개선해보세요.
- 오늘보다 내일, 내일보다 그다음 날이 조금씩 더 나은 내가 될 수 있도록 작은 노력을 계속 이어나가보세요.

사홍서원을 이렇게 하나씩 살펴보고, 매일 조금씩 실천하는 습관을 들인다면 삶이 자연스럽게 수행이 되고, 마음이 더욱 맑아지고 평온해지는 경험을 하실 수 있습니다. 편안하고 즐거운 마음으로 오늘부터 하나씩 시작해보시기를 권해드립니다.

4. 사홍서원을 현실에서 실천하는 법

사홍서원을 우리 삶 속에서 실천하는 일은 어렵거나 부담스럽지 않습니다. 일상에서 아주 작은 일부터 시작하면, 우리의 삶은 자연스럽게 수행의 길로 연결됩니다.

첫째, 하루 한 번이라도 중생을 돕는 작은 행동을 해보세요.
꼭 큰일을 해야만 수행이 되는 것은 아닙니다. 하루에 단 한 번이라도 다른 사람을 위해 작은 친절과 배려를 베푸는 것만으로도 충분합니다.
- 길에서 마주친 사람에게 미소 짓기
- 도움이 필요한 사람에게 따뜻한 말 한 마디 건네기
- 가족과 이웃에게 먼저 인사하고, 안부를 물어보기

이 작은 행동들이 모이면 여러분의 삶은 물론, 주변의 삶까지도 더욱 밝고 평화로워집니다.

둘째, 번뇌를 하나씩 줄이는 연습을 해보세요.

우리는 하루에도 수많은 욕심과 불안, 화를 경험하며 살아갑니다. 하지만 이를 알아차리고 조금씩 내려놓으면 마음이 점점 더 편안해집니다.
- 욕심이 일어날 때 잠시 멈춰서 스스로 질문해보세요. "이게 정말 나에게 필요한가?"
- 화가 나거나 속상할 때, 곧바로 반응하지 않고 잠시 숨을 고르며 마음을 진정시켜보세요.
- 매일 저녁 하루를 돌아보면서, 오늘 내 마음을 힘들게 했던 것이 무엇이었는지 생각해보고, 내일은 조금 더 편안한 마음으로 지내겠다고 다짐해보세요.

셋째, 배운 것을 삶에서 실제로 실천해보세요.

부처님의 가르침은 배우는 것만으로는 그 의미가 충분히

드러나지 않습니다. 작은 실천이 더해질 때 비로소 그 가르침이 우리 삶을 밝힙니다.

- 하루에 짧은 구절이라도 불경을 읽고 그 뜻을 깊이 생각해보세요.
- 법문을 듣고 난 후, 들었던 내용을 하나라도 생활 속에서 실천해보세요.
- 내가 배운 가르침을 주변 사람과 나누고 함께 이야기해보세요. 그러면 배움이 더 깊어지고 삶이 풍요로워집니다.

넷째, 매일 조금씩이라도 더 나은 내가 되겠다고 다짐해보세요.

깨달음은 멀리 있는 것이 아니라, 지금 이 순간부터 내가 작은 변화들을 꾸준히 쌓아가는 과정입니다.

- 하루 한 가지라도 좋은 습관을 만들거나 나쁜 습관을 고쳐보겠다고 다짐해세요.
- 어제보다 오늘이 조금 더 나은 하루가 되었다고 느낄 수 있도록 작은 목표를 세워 실천해보세요.
- 자기 전에 오늘 내가 어떤 점에서 발전했는지, 내일은 어떻게 더 성장할지 다짐해보세요.

사홍서원을 독송할 때는, 가볍고 편안한 마음으로 한 구절

한 구절을 마음에 새겨보세요. 독송한 그 마음이 여러분의 몸과 마음에 자연스럽게 스며들고, 삶 전체가 수행의 터전이 되는 것을 느끼실 수 있을 것입니다.

부디 지금 편안한 마음으로 사홍서원을 한 번 독송해보시기를 권해드립니다.

5. 사홍서원을 꾸준히 독송하면?

사홍서원을 꾸준히 독송하면 우리의 삶에 자연스럽게 놀라운 변화가 찾아옵니다. 서원을 독송하는 것은 단순히 부처님께 바라는 것을 기도하는 것 이상으로, 내가 실제로 그렇게 살겠다는 진심 어린 약속입니다.

서원을 반복해서 되새기다 보면, 우리의 삶이 점차 달라지는 경험을 하게 됩니다. 처음에는 작은 다짐이지만, 꾸준히 실천하면 다음과 같은 변화를 느낄 수 있습니다.

- 삶의 목표가 점점 더 명확해집니다.

무엇을 위해 살아야 하는지 확신이 생기고, 인생의 방향이 분명해집니다. 매 순간 흔들림 없이 중심을 잡고 살아갈 수 있게 됩니다.

- 행동이 달라지고 주변에 선한 영향력이 퍼집니다.

사홍서원을 마음에 담고 살아가다 보면, 자연스럽게 남을 배려하고, 주변을 돕는 행동이 늘어나게 됩니다. 내 마음에서 시작된 작은 변화가 주변 사람들의 삶에도 밝은 빛을 비추게 됩니다.

- **마음이 점차 고요하고 평온해집니다.**

서원을 독송하며 번뇌와 욕심을 내려놓으려 노력하다 보면 마음속의 혼란과 걱정이 줄어들고, 평온함과 여유가 자라나는 것을 경험할 수 있습니다.

- **나 자신과 주변의 인연이 밝고 긍정적으로 바뀌게 됩니다.**

내가 먼저 좋은 마음과 행동을 실천할수록, 주변 사람들과의 관계도 부드럽고 화목하게 변화하며, 좋은 인연이 자연스럽게 모여듭니다.

이런 변화들이야말로 부처님과 관세음보살의 가피이며, 우리 수행의 진정한 힘입니다.

그러니 지금 이 순간, 편안한 마음으로 사홍서원을 한 번 천천히 독송해보세요. 한 글자 한 글자 정성스럽게 읊으면서 그 깊은 의미를 마음에 담아보세요. 그 작은 울림이 여러분의 몸과 마음 깊숙이 스며들어, 삶의 구석구석에서 빛을 발하고, 수행의 기쁨이 날마다 자라나기를 진심으로 기원합니다.

2장

여래십대발원문
삶을 변화시키는 열 가지 원력

1. 여래십대발원문이란?

   불교 수행의 길에서 가장 중요한 것은 올바른 원력(願力)을 세우고, 그 원력을 꾸준히 실천하는 것입니다. 여래십대발원문(如來十大發願文)은 부처님께서 수행하는 불자들에게 삶에서 실천해야 할 열 가지 큰 원력을 제시한 것으로, 수행을 지속하게 해주고 깊이 있게 만들어주는 강력한 안내서입니다.
   불자 여러분 중 이런 질문을 하는 분들도 계십니다.
   "왜 꼭 원력을 꼭 세워야 할까요?"
   "여래십대발원문을 실천하면 정말 삶이 변할 수 있을까요?"
   부처님께서는 수행의 길에서 원력의 중요성을 강조하셨습

니다. 원력이 없으면 수행을 하다가도 금방 지치거나 흔들리기 쉽습니다. 하지만 명확한 원력을 세우고 실천하면 삶의 방향이 분명해지고, 내면의 힘이 꾸준히 성장합니다.

우리가 길을 갈 때 목적지를 분명히 정하고 걸어가듯이, 수행도 명확한 목표와 다짐이 있어야 끝까지 갈 수 있습니다. 그 길을 안내해주는 것이 바로 여래십대발원문입니다.

이제부터 부처님께서 제시하신 이 열 가지 원력의 깊은 의미를 하나하나 함께 살펴보며, 그것을 어떻게 우리 삶 속에서 자연스럽게 실천할 수 있는지 편안하게 이야기해보겠습니다.

2. 여래십대발원문의 열 가지 원력

부처님께서 가르쳐주신 여래십대발원문은 우리의 삶을 근본적으로 변화시킬 수 있는 강력한 수행법입니다. 이제 그 열 가지 원력을 편안한 마음으로 함께 살펴보겠습니다. 각 원력을 이해하면서, 내 삶과 수행에 어떤 변화가 있을지 천천히 마음속으로 그려보는 것도 좋은 방법입니다.

① **중생무변서원도**(衆生無邊誓願度)
"모든 중생을 끝없이 제도하겠습니다."
불교는 깨달음이 개인적인 성취가 아니라 모든 중생과 함께 이루어야 하는 것이라고 가르칩니다. 내 수행이 나만을 위한 것이 아니라 세상 모든 존재와 연결되어 있다는 사실을 기억하고, 주변 사람들에게 작은 도움이라도 베풀며 살겠다는 다짐을 해보세요. 그러면 내 삶 자체가 따뜻해지고, 더 큰 자비심이 생기게 됩니다.

② **번뇌무진서원단**(煩惱無盡誓願斷)

"번뇌가 끝없이 일어나더라도 나는 모두 끊겠습니다."

우리 삶에는 항상 번뇌가 따라다닙니다. 탐욕(貪), 성냄(瞋), 어리석음(癡) 같은 마음의 독은 끝이 없어 보이지만, 이를 인지하고 하나씩 내려놓겠다고 다짐할 때, 마음은 자연스럽게 평온과 자유를 느끼게 됩니다. 순간순간 일어나는 번뇌를 알아차리고 조용히 내려놓는 연습을 해보세요.

③ **법문무량서원학**(法門無量誓願學)

"부처님의 가르침이 무한하지만 끝없이 배우겠습니다."

부처님의 가르침은 바다처럼 넓고 깊습니다. 처음에는 어려워 보일 수 있지만, 꾸준히 배우고 실천하면 내 마음이 밝아지고 삶이 조금씩 변화합니다. 매일 작은 가르침이라도 귀 기울여 듣고, 그것을 삶 속에서 한 번이라도 실천해보세요.

④ **불도무상서원성**(佛道無上誓願成)

"깨달음의 길이 높고 멀더라도 나는 반드시 이루겠습니다."

깨달음은 결코 쉬운 길이 아닙니다. 하지만 매일 꾸준히 한 걸음씩 걷다 보면, 어느새 깨달음에 조금씩 가까워지게 됩니다. 매일의 삶을 수행의 길로 삼아, 작지만 꾸준한 실천을 계속하면, 반드시 변화가 찾아옵니다.

⑤ **원아영리삼악도**(願我永離三惡道)

"지옥·아귀·축생의 삼악도를 영원히 떠나겠습니다."

삶에서 부정적인 업을 짓지 않고, 항상 선한 마음을 유지하는 것이 중요합니다. 작은 선행을 꾸준히 실천하면 자연스럽게 좋은 인연이 찾아오고, 삶의 장애가 사라지게 됩니다. 매 순간, "지금 내가 하는 이 행동이 좋은 업을 만드는가?"라고 스스로 물어보는 습관을 가져보세요.

⑥ **원아속단탐진치**(願我速斷貪瞋癡)

"탐욕과 성냄과 어리석음을 빠르게 끊겠습니다."

탐욕과 화, 어리석음은 우리 마음을 가장 괴롭게 하는 요소입니다. 이것들을 빠르게 알아차리고, 마음을 조절하는 연습을 하면 삶이 훨씬 더 편안하고 지혜롭게 변합니다. 순간적인 욕심이나 분노를 느낄 때 잠시 멈추고 깊은 호흡을 하며 내려놓는 연습을 해보세요.

⑦ 원아상문불법승(願我常聞佛法僧)

"항상 부처님과 가르침, 그리고 스님들의 법문을 듣겠습니다."

좋은 가르침은 우리 마음을 밝게 해줍니다. 꾸준히 법문을 듣고 그 뜻을 깊이 새기다 보면 삶이 긍정적으로 변화합니다. 하루에 한 번, 짧게라도 좋은 법문을 듣거나 읽는 습관을 가져보세요.

⑧ 원아근수계정혜(願我勤修戒定慧)

"계율과 선정과 지혜를 열심히 닦겠습니다."

불교의 핵심 수행법은 계(戒), 정(定), 혜(慧)입니다. 이 세 가지를 꾸준히 실천하면, 마음의 중심이 잡히고 삶의 방향이 분명해지며, 내면에 깊은 지혜가 생겨납니다. 하루하루 작은 규칙과 마음챙김을 실천하며 내면을 가꾸어보세요.

⑨ 원아불퇴보리심(願我不退菩提心)

"깨달음을 향한 마음을 내고 절대 물러서지 않겠습니다."

보리심(菩提心)이란 깨달음의 마음입니다. 수행을 하다가 어려움을 만나도 절대 포기하지 않고 꾸준히 정진하겠다고 다짐하면, 우리의 내면은 더욱 단단해지고 삶의 기운이 밝아지게 됩니다. 어려움이 있을 때마다 "나는 절대 포기하지 않을 것이다"라고 스스로를 격려해보세요.

⑩ **원아광도제중생**(願我廣度諸衆生)
"모든 중생을 널리 제도하겠습니다."

궁극적인 수행은 모든 중생이 함께 깨달음으로 향하는 길입니다. 우리가 하는 작은 선행과 실천이 주변의 삶을 밝게 하고 세상을 변화시킬 수 있습니다. 나 자신만을 위한 수행이 아니라, 이웃과 사회를 위한 실천을 늘 생각해보세요.

여래십대발원문을 하나씩 깊이 새기고 꾸준히 실천하면, 나의 삶과 주변이 밝게 변화하는 것을 분명히 느끼게 될 것입니다. 마음 편하게, 천천히 하나씩 내 삶 속에서 이루어보세요.

3. 여래십대발원문을 생활 속에서 실천하는 방법

여래십대발원문을 삶에서 실천하는 것은 복잡하거나 어렵지 않습니다. 아주 작은 실천이라도 꾸준히 이어가면 삶이 놀랍도록 밝고 긍정적으로 변할 수 있습니다. 다음과 같은 방법을 편안한 마음으로 하나씩 시도해보세요.

첫째, 하루 한 번, 여래십대발원문을 마음으로 되새겨보세요.

아침에 눈을 떴을 때나, 저녁에 잠자리에 들기 전에 조용히 마음속으로 독송해보세요.

"오늘 하루도 나는 중생을 돕겠습니다."

이렇게 간단한 다짐을 하면서 원력을 마음에 담으면, 하루의 시작과 마무리가 따뜻하고 의미 있어집니다.

둘째, 매일 하나씩 작은 원력을 실천해보세요.

너무 크거나 거창한 목표가 아니어도 좋습니다. 하루에 하나씩 실천할 수 있는 작은 행동을 정해보세요.

"오늘 하루만큼은 화를 내지 않겠습니다."

"오늘 하루 한 사람이라도 따뜻하게 대하겠습니다."

"오늘 하루 작은 욕심 하나를 내려놓겠습니다."

이런 실천이 쌓이다 보면 나도 모르게 마음이 편안해지고, 삶이 조금씩 바뀌어가는 것을 느끼게 됩니다.

셋째, 수행이 어려울 때마다 원력을 다시 떠올려보세요.

가끔 수행하다 보면 마음이 흔들리거나 지칠 때가 있습니다. 그럴 때마다 여래십대발원문의 원력을 조용히 다시 마음속에서 읊조려보세요.

"나는 꼭 이 길을 끝까지 가겠습니다."

이런 다짐이 어려운 순간에 큰 힘과 위로가 되어줍니다.

넷째, 수행의 공덕을 모든 이들과 함께 나누세요.

나 혼자만의 수행이 아니라, 이 수행을 통해 나의 가족, 친구, 이웃, 그리고 모든 중생이 행복해지기를 기도해보세요. 이렇게 회향하는 마음으로 원력을 실천하면 더 큰 기쁨과 보람을 느낄 수 있습니다.

지금 이 순간, 편안한 마음으로 한번 여래십대발원문을 독송해 보세요. 소리를 내어 읽어도 좋고, 마음속으로 조용히 되뇌어도 좋습니다. 그 따뜻한 울림이 몸과 마음을 밝고 맑게 해줄 것입니다.

4. 여래십대발원문을 실천하면 생기는 변화

여래십대발원문을 꾸준히 실천하다 보면 자신도 모르는 사이에 삶에 놀라운 변화가 찾아옵니다. 크고 대단한 것을 이루기보다는 작고 소소한 변화가 모여 삶 전체를 밝고 평온하게 바꾸는 힘이 됩니다.

삶의 목표가 선명해지고, 수행의 길이 명확해집니다.

매일의 수행을 하다 보면, "나는 어떤 삶을 살아야 할까?" 하는 고민이 자연스럽게 해결됩니다. 내 삶의 중심과 방향이 분명해지고, 불안과 망설임 없이 목표를 향해 나아가는 자신을 발견할 수 있습니다.

내가 원하는 삶을 직접 만들어 갈 수 있습니다.

여래십대발원문은 삶을 수동적으로 사는 것이 아니라, 내가 원하는 삶을 능동적으로 만들어가도록 이끌어줍니다. 작은 다짐과 실천이 반복되면서 어느 순간 자신도 놀랄 만큼 변화한 자신을 발견하게 됩니다.

수행이 깊어지면서 업장이 정화되고 마음이 평온해집니다.

매일 작은 수행을 지속하면 마음속에 쌓였던 부정적 업장이 서서히 정화됩니다. 마음이 점점 가벼워지고, 이유 모를 불안과 스트레스가 줄어들면서 깊은 평온함과 따뜻한 행복감을 느끼게 됩니다.

자연스럽게 중생을 위한 삶을 살게 됩니다.

수행을 지속하면 나 혼자만의 행복이 아니라, 주변 사람들의 행복과 중생의 안녕까지 생각하는 마음이 생깁니다. 내 삶과 수행이 자연스럽게 이웃을 돕고, 세상을 밝게 하는 길로 이어지게 됩니다.

이런 작지만 깊은 변화들이 바로 여래십대발원문의 소중한 힘이며, 삶을 근본적으로 변화시키는 수행의 아름다운 길입니다. 지금 이 순간, 마음 편히 여래십대발원문을 독송해보세요. 그 따뜻한 울림이 여러분의 마음 깊이 스며들어 삶의 밝은 변화를 일으킬 것입니다.

3장

천수경 수행을 통한 업장 소멸과 가피

1. 업(業)이란 무엇인가?

불교에서는 우리가 살아가는 모든 순간이 '업(業, Karma)'과 깊은 연관이 있다고 가르칩니다. 업이라고 하면 자칫 무겁거나 어려워 보이지만, 간단히 말하면 '내가 한 모든 말과 행동, 그리고 생각이 쌓여서 만들어지는 삶의 흐름'이라고 이해하면 좋습니다.

우리의 삶은 우연히 만들어지는 것이 아닙니다. 내가 했던 작은 말 한 마디, 사소한 행동 하나가 모여 미래의 삶을 만들어가는 것입니다. 내가 선한 말을 하면 그 말이 돌아와 따뜻한 인연을 만나게 되고, 내가 나쁜 생각이나 행동을 하면 결국 그

것이 되돌아와 불편한 결과를 만들어내기도 합니다.

업은 세 가지로 나눌 수 있습니다.

- **구업**(口業): 말로 짓는 업(좋은 말, 나쁜 말)
- **신업**(身業): 행동으로 짓는 업(좋은 행동, 나쁜 행동)
- **의업**(意業): 생각으로 짓는 업(좋은 생각, 나쁜 생각)

좋은 업을 쌓으면 밝고 긍정적인 삶을 살게 되고, 나쁜 업을 쌓으면 힘들고 괴로운 삶을 경험하게 됩니다. 그래서 불교에서는 "내가 지금 어떻게 살아가느냐가 곧 나의 미래를 만든다"고 가르칩니다. 그렇다면 이미 지은 나쁜 업은 어떻게 할까요?

천수경 수행은 우리에게 그 답을 제시해줍니다. 천수경 속에는 우리가 쌓은 부정적인 업장을 정화하고, 좋은 업을 쌓아가는 구체적이고 강력한 수행법들이 담겨 있습니다.

지금부터 천수경 수행을 통해 업장을 깨끗이 씻어내고 밝고 맑은 미래를 열어가는 길을 하나씩 살펴보겠습니다.

2. 업장을 소멸하는 천수경의 수행법

천수경 안에는 우리가 일상에서 쌓아온 나쁜 업장을 정화하고 맑은 삶을 살아갈 수 있도록 도와주는 구체적인 수행법들이 포함되어 있습니다. 업장을 소멸하는 수행법을 꾸준히 실천하면, 자연스럽게 마음이 편안해지고, 삶의 장애들이 하나씩 풀려가는 것을 경험하게 됩니다.

① 정구업진언(淨口業眞言): 말로 지은 업(口業)을 깨끗이 하는 수행

우리 삶에서 가장 쉽게 짓는 업 중 하나가 바로 '말'입니다. 무심코 던진 한 마디가 타인에게 상처를 주고, 결국 그 말이 자신에게도 돌아옵니다. 정구업진언을 독송하면, 말로 지었던 나쁜 업이 씻겨나가고, 앞으로 좋은 말만을 사용하게 됩니다.

하루 한 번이라도 이 진언을 독송하며, 말을 조심하고 선한 말로 좋은 업을 쌓아가겠다고 다짐해보십시오.

② 참회게(懺悔偈): 과거의 업을 참회하는 수행

과거의 잘못이나 실수를 진심으로 인정하고 뉘우치는 것이 바로 참회의 시작입니다. 천수경 속의 참회게를 정성껏 독송하면 과거에 지었던 나쁜 업장들이 하나씩 사라지고, 새로운 선한 삶의 길이 열립니다.

매일 밤 하루를 마무리하면서 잠시라도 참회게를 독송하며, 마음속 깊이 "앞으로 더 이상 나쁜 업을 짓지 않고 선하게 살겠습니다"라고 진심으로 다짐해보십시오.

③ 신묘장구대다라니(神妙章句大陀羅尼): 업장을 소멸하는 가장 강력한 주문

천수경 수행에서 업장을 가장 강력히 정화할 수 있는 수행이 바로 신묘장구대다라니입니다. 이 다라니는 관세음보살의 자비와 가피를 담고 있어, 수행자가 진심을 다해 독송하면 점차 과거의 부정적인 업장이 씻겨나가는 경험을 하게 됩니다. 어려움이 있을 때마다 꾸준히 독송하면 마음이 차분해지고, 삶에서 좋은 인연이 하나씩 나타나는 기적 같은 경험도 할 수 있습니다.

④ 사홍서원(四弘誓願): 앞으로 좋은 업을 짓겠다는 굳은 다짐

업장을 소멸하는 것만큼 중요한 것은 앞으로 선한 업을 쌓아가는 것입니다. 사홍서원을 독송할 때는 진심으로 중생을 위해 선행을 실천하고, 번뇌를 끊고, 부처님의 가르침을 배우며 깨달음을 이루겠다고 다짐해야 합니다.

매일 사홍서원을 읽으며 "오늘 하루 선한 업을 짓고, 깨끗한 삶을 살겠습니다"라는 발원을 해보세요.

⑤ 정법계진언(淨法界眞言): 수행 환경을 맑게 하고, 법계를 정화하는 수행

내 마음뿐 아니라 내가 머무는 공간과 주변 환경도 맑고 깨끊해야 바른 수행이 지속될 수 있습니다. 정법계진언은 수행자의 주변 환경과 에너지를 정화하는 힘을 가지고 있습니다. 하루 한 번이라도 이 진언을 독송하면, 내 주변 공간이 밝아지고 수행의 집중력이 높아지는 것을 경험하게 될 것입니다.

천수경 속의 이 다섯 가지 수행법을 꾸준히 실천하면, 자연스럽게 부정적인 업장은 소멸되고, 밝고 긍정적인 에너지로 삶이 가득 차는 것을 느끼게 됩니다. 천수경 수행으로 조금씩, 그러나 꾸준히 업장을 정화하며 밝은 미래를 만들어가기를 권합니다.

3. 천수경 수행을 꾸준히 하면 어떤 변화가 있을까?

천수경을 매일 꾸준히 독송하고 실천하면, 삶의 다양한 측면에서 긍정적이고 놀라운 변화가 조금씩 나타나는 것을 경험하게 됩니다.

첫째, 업장이 정화되고, 과거의 나쁜 업이 사라진다.
천수경 수행을 꾸준히 하면, 살아가면서 알게 모르게 쌓였던 부정적인 업들이 하나씩 정화됩니다. 이전까지 반복적으로 겪던 장애나 어려움들이 점차 줄어들고, 삶의 흐름이 밝고 맑아지는 것을 체험할 수 있습니다. 업장이 맑아지면 마음 또한 가벼워지고 평화로워지게 됩니다.

둘째, 삶이 안정되고, 좋은 인연이 찾아온다.
천수경 수행을 하다 보면 마음이 점차 차분해지고 안정됩니다. 이렇게 맑아진 마음은 자연스럽게 좋은 사람들과 좋은 인연을 만나게 합니다. 주변에 긍정적이고 따뜻한 에너지가 가득 차면서, 서로에게 힘이 되고 위안이 되는 관계들이 자연스럽게 형성됩니다.

셋째, 불안과 두려움이 사라지고, 보호받는 느낌이 생긴다.
천수경에는 관세음보살의 강력한 보호력을 담은 신묘장구대다라니와 같은 주문들이 포함되어 있습니다. 이 다라니들을 꾸준히 독송하다 보면 자연스럽게 마음속 불안이나 두려움이 줄어들고, 어디를 가든 보호받고 있다는 안정감이 생깁니다. 이는 수행의 힘이 마음과 환경에 깊이 자리 잡아 일어나는 변화입니다.

넷째, 원하는 일이 성취되고, 수행의 힘이 커진다.
꾸준히 천수경을 독송하면 집중력이 높아지고, 마음속 원력이 강해집니다. 그 결과 바라던 일들이 자연스럽게 이루어지고, 삶의 크고 작은 일들이 원만하게 해결되는 경험을 하게 됩니다. 또한, 수행이 깊어지면서 삶의 목표와 방향이 명확해지고, 수행자로서의 내면적 힘과 지혜가 자라나게 됩니다.

천수경 수행은 단순한 주문 암송이 아니라, 마음을 닦고 삶을 변화시키는 소중한 여정입니다. 지금 이 순간부터 하루 한 번이라도 천수경을 독송하고, 그 뜻을 마음에 깊이 새기며 살아가기를 권합니다. 조금씩 꾸준히 실천하다 보면, 위에서 말한 긍정적인 변화들이 여러분의 삶 속에 자연스럽게 스며드는 것을 경험할 수 있을 것입니다.

4. 천수경을 통한 업장 소멸을 실천하는 방법

업장 소멸은 어렵거나 특별한 수행이 아니라, 일상에서 작은 실천들을 꾸준히 해나갈 때 자연스럽게 이루어집니다. 천수경의 가르침을 삶에서 편안하고 지속적으로 실천하는 방법을 소개해드립니다.

첫째, 하루 한 번, 천수경 독송을 생활화해보세요.
꼭 길게 하지 않아도 괜찮습니다. 하루 중 잠깐의 여유가 생길 때, 천수경을 펼치고 조용히 독송하는 습관을 가져보세요. 바쁜 하루 속에서도 잠시 마음을 내려놓고 천수경을 독송하다 보면, 마음이 고요해지고 업장이 조금씩 정화되는 것을 느끼게 됩니다.

둘째, 참회를 일상 속에서 자연스럽게 실천하세요.
하루를 마칠 때, 짧게라도 자신을 돌아보는 시간을 가져보세요.
"오늘 하루, 내가 했던 말과 행동 중에서 나쁜 업을 지은 건 없었나?"
만약 실수나 잘못을 발견했다면, 스스로를 비난하지 말고 편안한 마음으로 참회하고, "내일은 더 좋은 모습을 보이겠습니다"라고 따뜻하게 다짐해보세요.

셋째, 정구업진언을 독송하며 말의 업을 맑게 하세요.
하루 동안 무심코 하는 말 한 마디가 누군가에게 상처를 줄 수도 있고, 또 기쁨을 줄 수도 있습니다. 정구업진언을 독송하며 스스로에게 이렇게 다짐해보세요.
"오늘 하루, 나는 누군가에게 따뜻한 말 한마디를 건네겠습니다."
"나는 나쁜 말, 상처 주는 말을 하지 않겠습니다."
작은 다짐이 쌓이면, 어느새 여러분의 삶이 맑고 밝아지는 것을 경험할 수 있습니다.

넷째, 사홍서원을 꾸준히 독송하며 좋은 업을 쌓겠다 다짐하세요.

사홍서원은 우리가 어떤 삶을 살아야 하는지 명확히 알려주는 수행자의 중요한 다짐입니다. 사홍서원을 독송할 때마다 마음속으로 이렇게 다짐해보세요.

"나는 오늘도 중생을 위한 삶을 살겠습니다."

"오늘도 번뇌를 끊고 좋은 업을 짓겠습니다."

이런 원력을 꾸준히 세우다 보면, 자연스럽게 삶의 흐름이 밝고 긍정적으로 변화합니다.

지금 바로 편안한 마음으로 천수경을 한 번 독송해보시길 권합니다. 소리를 내어 천천히 읊어도 좋고, 마음속으로 조용히 독송해도 좋습니다. 그 조용한 울림이 여러분의 몸과 마음에 스며들어, 업장이 조금씩 정화되고 삶의 방향이 맑게 바뀌는 것을 느껴보세요.

5. 천수경을 통한 업장 소멸과 가피

천수경 수행을 꾸준히 실천하면, 우리의 삶은 점점 맑아지고 편안해지는 변화를 경험하게 됩니다. 처음에는 작고 미세한 변화일지라도, 시간이 흐를수록 놀라운 가피가 여러분의 삶을 가득 채울 것입니다.

- **마음이 평온해지고 불안감이 자연스럽게 줄어듭니다**

수행을 지속하면 어느 순간부터 불필요한 걱정과 불안이 점점 줄어들고, 삶을 바라보는 시야가 밝아집니다.

- **업장이 정화되면서 좋은 인연과 행운이 찾아옵니다**

지나간 삶에서 알게 모르게 쌓인 나쁜 업들이 천수경 수행을 통해 조금씩 정화되면서, 예상치 못한 좋은 일이 생기거나, 어려웠던 문제가 자연스럽게 풀리는 경험을 하게 됩니다.

- **부처님의 가피 속에서 보호받고 있다는 따뜻한 느낌을 받습니다**

천수경의 신묘장구대다라니와 같은 진언을 독송하면, 삶 속에서 알 수 없는 보호와 위로를 느끼게 됩니다. 마치 부처님과 관세음보살의 따뜻한 품에 안긴 듯한 마음으로 살아가게 됩니다.

- **삶의 흐름이 긍정적으로 바뀌고, 수행의 힘이 깊어집니다**

업장이 소멸되고 좋은 업을 꾸준히 쌓아가면, 삶 전체가 밝고 긍정적인 방향으로 흘러가고 있음을 깨닫게 됩니다. 작은 수행의 힘이 쌓이면 어느 순간 큰 변화가 찾아오는 것입니다.

이 모든 변화들이 바로 천수경 수행을 통해 우리가 얻는 진정한 가피입니다.

지금, 편안한 마음으로 천수경을 천천히 독송해보시기 바랍니다. 그 부드러운 울림이 여러분의 삶과 마음을 더욱 맑고 밝게 변화시킬 것입니다.

4장

천수경 수행과 현대인의 삶
일상의 수행으로 연결하기

> **1.** 천수경 수행은 현대인의 삶과 어떻게 연결될까?

 많은 현대인들이 불교 수행이라고 하면 사찰이나 특별한 장소에서 하는 것으로 생각하기 쉽습니다. 하지만 천수경은 특별한 곳에서만 하는 의례적 기도가 아닙니다. 천수경은 바로 지금 우리가 살아가는 일상 속에서 실천되고, 현실의 삶과 깊게 연결될 때 가장 큰 의미를 가집니다.
 천수경은 현대인들에게 꼭 필요한 마음 수행법을 담고 있습니다. 바쁜 현대 사회를 살아가는 동안 우리는 스트레스와 불안, 과도한 걱정과 같은 많은 마음의 장애를 겪게 됩니다. 천수경은 이러한 장애를 줄이고 내면의 평화와 안정감을 찾을 수 있도록 도와줍니다.

또한 천수경에는 우리 삶에서 마주하는 관계의 어려움, 갈등을 해결하고 원만한 인간관계를 만들어가는 가르침도 담겨 있습니다. 관세음보살의 자비심을 닮아 타인을 이해하고 공감하며, 좋은 말을 하고 올바른 행동을 하도록 독려합니다.

그렇다면 천수경 수행을 우리의 일상 속에서 어떻게 실천할 수 있을까요? 이 장에서는 일상생활 속에서 자연스럽게 천수경의 가르침을 적용하고, 진정한 수행으로 연결하는 방법들을 하나씩 살펴보겠습니다.

부처님의 가르침이 우리의 삶과 연결될 때, 비로소 천수경 수행의 진정한 힘을 느낄 수 있을 것입니다.

2. 천수경 수행이 현대인에게 필요한 이유

현대인들은 매일매일 분주하고 정신없이 살아갑니다. 아침부터 저녁까지 끝없는 업무와 수많은 고민 속에서 마음은 지치고 불안해지기 쉽습니다. 이럴 때 많은 분들이 묻습니다.

"이렇게 바쁜 삶 속에서 과연 수행을 지속할 수 있을까요?"
"천수경을 일상에서 어떻게 적용할 수 있을까요?"

이런 질문에 대해 저는 편안하게 말씀드립니다. 천수경은 오히려 바쁜 현대인들에게 더 큰 도움이 되는 수행법입니다.

천수경은 마음을 다스리는 강력한 안정제입니다.

천수경을 한 번이라도 조용히 독송해보면 그 순간 마음이 편안해지고 스트레스와 불안이 줄어드는 것을 느낄 수 있습니다. 특히 신묘장구대다라니를 천천히 읊다 보면, 복잡한 생각과 걱정이 잠시 멈추고 마음이 자연스럽게 안정됩니다. 그래서 끊임없는 경쟁과 불확실성으로 지친 현대인들에게 천수경은 마음의 중심을 잡고 평온함을 회복하게 해주는 소중한 수행법입니다.

천수경 수행은 번뇌를 줄이고 집중력을 높입니다.

천수경에 담긴 다라니와 진언들은 산란한 마음을 가라앉히고 잡념을 줄이는 데 탁월한 효과가 있습니다. 하루 중 단 3분만이라도 천수경의 한 구절을 진심을 담아 독송하면 명상을 한 것과 같은 효과를 경험할 수 있습니다. 마음이 맑아지면서 자연스럽게 집중력이 높아지고 일상생활에서 효율성도 높아집니다.

천수경 수행은 인간관계를 부드럽게 만들어줍니다.

정구업진언을 독송하면서 말을 조심하고 긍정적인 말을 실천하면 가족과 친구, 직장에서 사람들과의 관계가 자연스럽게 좋아집니다. 또한 사홍서원을 꾸준히 독송하며 타인을 이해하고 배려하려고 노력하면, 주변 사람들과의 갈등과 긴장감이 줄어들고 관계가 한층 더 편안해집니다.

천수경은 언제 어디서나 수행할 수 있는 장점이 있습니다.

천수경은 반드시 사찰에서만 독송해야 하는 경전이 아닙니다. 가정에서도, 직장에서도, 대중교통 안에서도 마음속으로 조용히 독송할 수 있는 생활형 수행법입니다. 출퇴근 시간이나 잠시 휴식을 취하는 순간에도 천수경을 짧게 독송하면, 하루 중 작은 순간에도 마음의 수행을 계속할 수 있습니다.

이처럼 천수경 수행은 장소와 시간에 구애받지 않고, 바쁜 현대인의 삶 속에서도 자연스럽게 실천할 수 있습니다. 단순히 독송을 넘어 일상 속에 천수경의 가르침을 스며들게 하면, 삶이 더욱 평화롭고 행복해지는 것을 분명히 경험할 수 있을 것입니다.

3. 현대인의 일상에서 천수경을 실천하는 방법

현대인의 삶은 바쁘고 정신없이 흘러갑니다. 하지만 이렇게 정신없이 흘러가는 일상 속에서도 천수경 수행은 충분히 가능하고, 또 매우 효과적입니다. 어렵게 생각하지 말고, 작은 습관부터 시작해보시면 좋겠습니다.

하루 5분, 천수경 독송 습관을 만들어보세요.

매일 아침 잠에서 깨어나기 전, 출근길이나 하루를 마무리하는 저녁 시간 중 편안한 시간대에 5분만 투자해보세요. 짧은 시간이지만 꾸준히 반복하면 어느새 마음의 평온이 찾아오고, 수행이 자연스럽게 삶의 일부로 자리 잡게 됩니다.

마음이 불안하거나 스트레스가 쌓일 때, 신묘장구대다라니를 조용히 독송해보세요.

현대인은 스트레스와 걱정에서 자유롭기 어렵습니다. 신묘장구대다리니를 천천히 읊으면 마음 깊은 곳에서부터 긴장이 풀리고 안정감이 생깁니다. 힘들 때마다 신묘장구대다라니를 떠올려보면, 생각보다 빠르게 마음이 편안해지는 경험을 하게 됩니다.

인간관계에서 어려움을 느낄 때, 정구업진언을 활용해보세요.

사람들과 관계를 맺을 때 우리는 종종 무심코 던진 말 때문에 서로 상처를 주기도 합니다. 이럴 때 정구업진언을 독송하며 "내가 지금 상대를 존중하고 있는가?", "내가 따뜻한 말을 하고 있는가?"를 돌아보면 말의 힘을 다시 한번 생각할 수 있고, 관계가 조금씩 더 좋아지는 것을 경험하게 됩니다.

마음이 산란하고 흐트러질 때, 천수경의 한 구절을 떠올려보세요.

일상에서 번뇌나 잡념이 밀려올 때, 잠시 멈추고 천수경의 한 구절을 조용히 떠올려보세요. 예를 들어, "번뇌무진서원단(煩惱無盡誓願斷): 번뇌가 끝이 없지만, 나는 그것을 끊겠습니다"라는 구절을 천천히 읊으며 마음을 다잡으면 생각이 맑아지고 다시 힘을 얻을 수 있습니다.

매일 아침, 천수경의 가르침으로 하루의 작은 다짐을 세워보세요.

아침에 일어나면 이렇게 짧은 다짐을 해보는 것도 좋습니다.
"오늘 하루는 긍정적인 말을 하겠습니다."
"오늘은 누군가에게 작은 도움이라도 주겠습니다."
"오늘 하루는 화를 내지 않고 차분하게 대응하겠습니다."

이렇게 매일 하나의 다짐을 세우고 실천하면, 천수경의 가르침이 일상의 삶 속에 자연스럽게 녹아들게 됩니다.

지금 바로 한 번 천수경을 조용히 독송해보세요. 소리 내어도 좋고 마음속으로 읊어도 좋습니다. 천수경의 울림이 여러분의 마음과 몸에 편안하게 전해지는 것을 느껴보시길 바랍니다.

5장

천수경을 통한
선명상(Seon Meditation) 실천법

　천수경을 독송하는 것은 단순히 주문을 외우는 행위가 아닙니다. 이는 내면의 깊은 고요를 체험하는 선명상(Seon Meditation)의 과정입니다.

　선명상은 잡념과 번뇌를 내려놓고, 우리의 본래 맑고 밝은 마음을 알아차리는 수행입니다. 천수경을 독송할 때 우리는 자연스럽게 선명상의 핵심인 '생각과 감정을 있는 그대로 바라보고 부드럽게 흘려보내는 연습'을 실천할 수 있습니다. 천수경의 구절 하나하나를 또렷이 독송하며, 그 의미와 울림에 집중하면 우리의 마음은 자연스럽게 평온과 고요에 가까워집니다. 특히 천수경 속의 신묘장구대다라니와 정법계진언을 독송할 때, 그 진동과 울림을 몸과 마음으로 깊이 느껴보세요.

천수경과 함께 선명상(Seon Meditation)을 실천하는 방법은 다음과 같습니다.

천수경을 천천히, 또박또박 독송하며 집중해보세요.
독송하면서 일어나는 생각이나 감정들을 판단하지 말고 부드럽게 바라보며 흘려보내세요.

신묘장구대다라니를 독송할 때, 그 울림이 몸 전체로 퍼지는 것을 느껴보세요.
호흡을 천천히 유지하며 그 진동과 소리에 온전히 집중하는 것이 중요합니다.

천수경의 독송을 마친 후, 잠시 침묵 속에 머물며 고요함을 느껴보세요.
짧은 침묵 속에서도 선명상의 효과는 깊게 체험될 수 있습니다.

일상에서도 마음이 복잡할 때 천수경의 구절을 하나씩 떠올리며 마음의 중심을 잡아보세요.
선명상은 사찰이 아니라 일상의 모든 순간에서 실천될 수 있습니다.

지금 이 순간, 천수경과 함께 선명상을 시작해보세요. 마음이 평온해지고 삶이 더욱 맑아지는 경험을 하게 될 것입니다.

1. 천수경과 선명상

불교 수행의 핵심 중 하나는 "지금 이 순간에 깨어 있는 것"입니다. 이를 가장 깊이 체험하는 방법이 바로 선명상입니다.

"천수경을 독송하는 것이 어떻게 선명상과 연결될 수 있을까?"

"천수경 독송을 통해 명상을 하는 방법은 무엇일까요?"

천수경을 독송하는 과정은 단지 경전을 읽는 것을 넘어, 깊은 몰입과 명상의 시간이 될 수 있습니다. 우리는 종종 과거의 후회나 미래의 불안 속에서 살아가지만, 천수경을 독송하는 순간만큼은 완전히 현재에 머물게 됩니다.

천수경의 구절을 천천히 독송하면서, 그 소리와 진동에 온전히 집중해보세요. 마음을 다른 생각으로부터 내려놓고, 지금 이 순간에 부드럽게 머무르는 것이 선명상의 시작입니다.

특히 '우선멈춤 선명상'을 실천하며 천수경을 독송하면, 우리의 마음은 자연스럽게 고요해지고 번뇌는 점차 가라앉게 됩니다.

천수경을 통한 선명상을 실천하면:

- 마음의 안정과 평온을 얻고, 스트레스가 줄어듭니다.
- 삶의 균형을 잡고, 일상 속에서도 흔들리지 않는 마음의 힘을 키울 수 있습니다.

이제 천수경을 통해 선명상을 실천하는 구체적인 방법과 원칙을 자세히 살펴보겠습니다.

2. 천수경을 통한 선명상의 핵심 원칙

① 현재의 순간에 온전히 머무르기

천수경을 독송할 때, "나는 지금 부처님의 말씀을 직접 듣고 있습니다"라는 마음을 가져보세요. 경전의 한 글자, 한 소리에 집중하며, 그 진동이 온전히 몸과 마음에 퍼지는 것을 느껴보는 것이 중요합니다.

② 호흡과 함께 깊어지는 수행 관찰하기

천수경을 독송할 때 호흡을 자연스럽게 맞추면, 선명상의 효과가 더욱 깊어집니다. 들숨과 날숨에 맞춰 천천히 독송하면서, 호흡의 리듬과 천수경의 구절이 하나로 연결되는 경험을 해보세요.

③ 한 구절 한 구절을 온전히 음미하기

천수경을 빨리 읽기보다는, 각 구절이 내 삶과 수행에 어떤 의미를 주는지 깊이 새기는 것이 중요합니다. 예를 들어, "번뇌무진서원단(煩惱無盡誓願斷): 번뇌가 끝이 없지만, 나는 그것을 모두 끊겠습니다"라는 구절을 독송하며, 선명상의 방식대로 의미를 온몸으로 받아들여보세요.

④ 떠오르는 생각과 감정을 자연스럽게 흘려보내기

천수경을 독송하는 중에, 과거나 미래에 대한 생각이 떠오르면, 억지로 없애려 하지 말고, 부드럽게 다시 경전의 울림으로 돌아오세요. '쉘패스 선명상(Shell Pass Meditation)'을 활용하여, 모든 생각과 감정이 파도처럼 흘러 지나가는 것을 지켜보는 연습을 하면 마음이 자연스럽게 고요해집니다.

⑤ 몸과 마음을 하나로 느껴보기

천수경을 독송하면서, 몸과 마음이 조화를 이루고 있음을 부드럽게 느껴보세요. 선명상의 원리처럼, 긴장을 풀고 편안한 자세를 유지하면, 마음은 자연스럽게 평온해지고, 수행은 더욱 깊어집니다.

3. 천수경을 활용한 선명상 수행법

천수경은 단순한 독송을 넘어, 깊은 명상 상태로 들어가도록 돕는 훌륭한 선명상의 도구가 됩니다. 아래 소개하는 선명상 수행법을 통해 천수경의 가르침을 생활 속에서 더욱 깊이 체험해보세요.

① 천수경 독송 선명상 방법
1. 편안한 자세로 앉아 긴장을 풀고 호흡을 가다듬습니다.
2. 천수경을 한 구절씩 천천히, 마음을 담아 독송합니다.
3. 구절의 소리와 의미를 온몸으로 느끼고 음미합니다.
4. 독송이 끝난 후, 눈을 감고 5분 정도 조용히 앉아 그 여운과 울림을 깊이 느껴봅니다.

② 신묘장구대다라니 선명상 방법
1. 신묘장구대다라니를 천천히 독송하며 몸과 마음을 이완합니다.
2. 독송 중, 특별히 "옴(唵)" 소리를 길고 부드럽게 내면서 그 진동을 온몸으로 느껴봅니다.
3. 독송을 마친 후, 여운이 사라질 때까지 그 울림을 따라 마음을 고요히 유지합니다.

③ 호흡과 함께하는 천수경 선명상 방법

1. 편안히 앉아 호흡을 천천히 깊게 하며 준비합니다.
2. 천수경을 한 구절씩 독송할 때마다, 들숨과 날숨을 조화롭게 맞춰봅니다.
3. 구절과 구절 사이의 숨결을 온전히 의식하며, 마음과 몸의 조화를 경험합니다.

④ 천수경 구절 집중 선명상 방법

1. 천수경에서 내게 특별히 와닿는 한 구절을 선택합니다.
2. 그 구절을 반복하여 조용히 읊으며 깊은 의미를 새깁니다.
3. 구절의 뜻을 마음에 품고, 나의 삶과 수행에서 어떻게 실천할지 부드럽게 관찰하며 명상합니다.

이 선명상 수행법을 꾸준히 실천하면, 천수경의 깊은 지혜가 삶에 자연스럽게 스며들어 내면의 평화와 지혜를 얻게 될 것입니다.

4. 천수경을 통해 선명상을 실천하는 일상 습관

일상생활 속에서 천수경과 선명상을 결합해 실천하면, 삶의 질이 높아지고 수행의 효과가 더욱 깊어집니다. 아래의 방법을 꾸준히 실천해보세요.

① 아침에 천수경 독송과 선명상으로 하루를 시작하기

아침에 눈을 뜨자마자 편안히 앉아 천수경을 천천히 독송하며, 구절 하나하나를 선명상으로 깊이 경험합니다. 하루의 시작을 평온한 마음으로 맞이할 수 있습니다.

② 스트레스를 받을 때 천수경 구절과 선명상 떠올리기

마음이 흔들리거나 불안이 밀려올 때, 천수경의 한 구절을 떠올리며 잠시 눈을 감고 '쉘패스 선명상'을 통해 마음의 파도를 고요히 가라앉힙니다.

③ 하루를 마치며 천수경 독송과 함께 선명상으로 참회하기

하루의 끝에 잠시 앉아 천수경의 참회게를 독송하며, 오늘 하루의 말과 행동을 부드럽게 돌아보고 '놓음 선명상(Letting Go Meditation)'을 실천해봅니다.

④ 이동 중 천수경 독송을 통한 선명상 실천하기

출근길이나 이동 중 잠깐의 시간을 활용하여 마음속으로 천수경을 독송하며, 짧은 '무시로 선명상(Anytime Meditation)'

을 해보세요. 일상 속 수행이 자연스럽게 이루어집니다.

⑤ 타인을 이해하고 공감하는 선명상 수행하기

사람들과의 관계에서 갈등이 있을 때 천수경의 자비심을 떠올리고, 선명상 수행을 통해 상대방을 이해하고 품는 마음을 키워보세요.

지금 바로 천수경과 함께 선명상을 실천해보세요. 소리 내어 독송하거나, 마음속으로 조용히 읊어도 좋습니다. 그 울림이 몸과 마음에 잔잔히 퍼지는 것을 온전히 느껴보세요.

5. 천수경을 통한 선명상의 효과

천수경과 함께 선명상을 꾸준히 실천하면, 우리의 삶은 자연스럽게 긍정적인 변화를 경험하게 됩니다. 일상 속에서 수행을 계속하다 보면, 다음과 같은 효과를 얻을 수 있습니다.

- **마음이 고요해지고, 불안과 스트레스가 줄어듭니다**

천수경과 선명상을 함께할 때 마음의 흔들림이 자연스럽게 진정되며, 삶 속에서 편안함과 안정을 느끼게 됩니다.

- **집중력이 높아지고, 삶에 대한 통찰이 깊어집니다**

천수경 독송과 선명상 수행을 통해 마음의 중심을 잡고, 집중하는 힘을 키울 수 있습니다. 그 결과, 삶을 보다 깊이 있게 바라보는 통찰력을 얻게 됩니다.

- **일상이 수행의 현장이 됩니다**

선명상과 함께 천수경을 꾸준히 독송하면 일상에서 마주하는 작은 순간들이 모두 수행과 깨달음의 기회가 됩니다.

- **인간관계가 조화롭고 원만해집니다**

천수경의 가르침과 선명상의 실천은 타인을 이해하고 수용하는 마음을 키워줍니다. 따라서 자연스럽게 사람들과의 관계가 더욱 편안하고 원만해집니다.

이러한 변화가 바로 천수경 수행과 선명상이 가진 진정한 힘이자, 삶의 질을 높여주는 가피입니다. 지금 이 순간 천수경과 선명상을 통해, 고요하고 평화로운 삶의 변화를 경험해보시기 바랍니다.

4부

천수경을 생활 속에서 실천하는 방법

일상 속에서 천수경을 활용하는 실천법

1장

천수경을 매일 독송하는 5가지 방법

1. 천수경을 매일 독송하는 것이 중요한 이유

불교 수행에서 가장 중요한 것은 꾸준한 실천입니다. 한 번 수행하는 것도 의미 있지만, 매일 꾸준히 실천할 때 수행의 힘이 차곡차곡 쌓여갑니다. 천수경을 매일 독송하면 다음과 같은 변화를 경험하게 됩니다.

- 마음이 평온해지고, 불안과 스트레스가 줄어듭니다.
- 흔들림 없는 삶의 중심을 세우게 됩니다.
- 업장이 정화되며 좋은 인연이 자연스럽게 모입니다.
- 관세음보살의 가피를 체험하며 수행자로서의 길이 열

립니다.

바쁜 현대인이 일상에서도 천수경을 꾸준히 독송할 수 있도록, 쉽고 효과적인 5가지 방법을 소개하겠습니다.

① **아침을 여는 천수경 수행**(Morning Practice)
하루의 시작을 천수경 독송으로 열어보세요. 짧은 시간이라도 괜찮습니다. 눈을 뜨고 간단한 세수를 마친 뒤, 단 5분이라도 천수경을 소리 내어 독송하거나 마음속으로 읊으면, 하루가 고요하고 밝게 시작됩니다.

② **이동 중 틈새 수행**(Mindful Commuting)
출퇴근 길이나 이동 중 짧은 시간을 활용하여 천수경을 독송해보세요. 차 안이나 지하철, 버스 안에서도 천수경의 구절 하나하나를 마음속으로 독송하면, 이동 시간이 수행의 시간이 됩니다.

③ **업무 전 마음 다지기 수행**(Pre-Work Centering)
업무를 시작하기 전, 마음을 가다듬고 천수경 한 구절만이라도 읊어보세요. 예를 들어 "옴 아로게 아로가 마지로가 지라간제"와 같은 진언을 반복적으로 독송하면, 마음이 안정되

고 업무의 효율성도 높아집니다.

④ **자기 전 하루 마무리 수행**(Evening Reflection)
잠들기 전 천수경을 독송하면, 하루 동안 쌓인 번뇌와 스트레스가 정리됩니다. 천수경을 독송한 뒤 잠시 눈을 감고, 오늘 하루를 참회하며 내일의 다짐을 세워보세요.

⑤ **일상 속 순간순간의 독송**(Moment-to-Moment Practice)
일상에서 마음이 산란해질 때, 천수경의 한 구절을 떠올리며 독송하는 습관을 들여보세요. 업무 중, 가사 활동 중, 혹은 스트레스를 받는 상황에서도 짧은 독송으로 마음을 돌보면 일상 자체가 수행의 터전이 됩니다.

천수경 독송은 장소와 시간에 구애받지 않고 언제든지 할 수 있습니다. 꾸준히 천수경을 독송하여 삶이 더욱 밝고 평화로워지는 변화를 경험해보시기 바랍니다.

2. 천수경을 매일 독송하는 5가지 방법

① **아침에 하루를 시작하며 독송하기**
아침은 하루의 에너지를 결정짓는 중요한 시간입니다. 잠

에서 깨자마자 천수경을 독송하면, 하루를 맑고 밝은 에너지로 시작할 수 있습니다. 출근 전 5분의 짧은 시간이라도 꾸준히 실천하면 삶의 질이 달라집니다.

실천 방법:

- 편안히 앉아 정구업진언과 신묘장구대다라니를 독송합니다.
- "오늘 하루도 바른 말과 행동을 실천하겠습니다"라고 간절히 다짐합니다.

② 이동 중이나 대중교통에서 조용히 독송하기

바쁜 현대인은 별도의 수행 시간을 내기가 어렵습니다. 이럴 때는 출퇴근길, 버스나 지하철 안에서도 마음속으로 천수경을 조용히 독송하면 훌륭한 수행이 됩니다.

실천 방법:

- 버스나 지하철에서 이동할 때 마음속으로 천수경을 독송합니다.
- 운전을 한다면, 천수경 독송 음원을 들으며 마음으로 따라가세요.

③ 식사 전후에 감사하는 마음으로 독송하기

불교에서는 먹는 행위 또한 수행입니다. 식사 전후 짧게 천수경의 한 구절을 독송하면 음식에 대한 감사와 수행에 대한 마음이 깊어집니다.

실천 방법:
- 식사 전에 "옴 남" 또는 "신묘장구대다라니"를 가볍게 독송합니다.
- "이 음식이 내 몸과 마음을 정화하고, 수행의 힘이 되기를 바랍니다"라고 마음으로 기도합니다.

④ 잠들기 전에 하루를 마무리하며 독송하기

하루를 마무리하면서 천수경을 독송하면, 마음이 평온해지고 하루 동안 지은 업을 깨끗이 정리할 수 있습니다. 편안한 잠을 잘 수 있게 도와줍니다.

실천 방법:
- 자기 전에 편안히 앉아 "참회게"를 천천히 독송합니다.
- "오늘 하루 지은 모든 나쁜 업을 참회하며, 내일 더 나은 삶을 살겠습니다"라고 스스로 다짐합니다.

⑤ 특정한 목적을 가지고 독송하기 (원력 수행)

천수경을 독송할 때, 자신만의 원력을 세워 수행하면 집중력이 높아지고 원하는 일이 이루어지는 경험을 하게 됩니다.

실천 방법:

- 가족의 행복, 건강, 사업 성공, 시험 합격 등 자신만의 구체적인 목표를 정합니다.
- 천수경을 독송하며, "이 수행이 나뿐 아니라 모든 중생에게 도움이 되기를 바랍니다"라고 진심으로 회향합니다.

3. 천수경을 꾸준히 독송하는 습관을 만드는 방법

천수경 수행 일지를 작성해보세요.

하루에 얼마나 독송했는지 기록하면서 수행을 점검해보세요. 간단한 메모라도 좋습니다. 매일매일의 수행을 기록으로 남기면 자신이 얼마나 꾸준히 실천하고 있는지 확인할 수 있어 동기부여가 되고, 어느 순간 자연스럽게 습관이 되어 있음을 발견할 수 있습니다.

부담 없이 짧은 시간부터 시작하세요.

처음부터 완벽하게 긴 시간을 독송하려고 하면 쉽게 지치고 포기하게 됩니다. 하루 단 5분만이라도 꾸준히 실천하는 것이 중요합니다. 짧은 수행이 매일 쌓이면, 어느새 마음이 단단해지고 수행의 힘이 깊어집니다.

가족이나 친구와 함께 수행해보세요.

가족이나 친구와 함께 천수경을 독송하면 서로에게 힘이 되고 꾸준히 수행할 수 있습니다. 함께 모여 독송하거나, 서로 수행 시간을 약속하고 실천 여부를 확인해 보세요. 가족과 함께 독송하는 시간은 가정의 화목과 평화를 높이는 좋은 기회가 됩니다.

유튜브 천수경 강의를 따라 해보세요.

혼자 천수경을 독송하는 것이 어렵거나 부담스럽다면, 남산 충정사 유튜브 채널의 천수경 강의를 보면서 따라 해보세요. 영상의 안내를 따라 독송하다 보면 자연스럽게 수행의 흐름을 익히게 되고 꾸준한 습관을 유지하기 쉬워집니다.

매일 같은 시간, 같은 장소에서 수행하세요.

수행을 습관으로 만드는 가장 효과적인 방법은 일정한 시간과 장소에서 반복하는 것입니다. 매일 정해진 시간, 편안한 장소에서 천수경을 독송하면 몸과 마음이 그 시간과 장소를 자연스럽게 수행의 시간으로 기억하게 됩니다.

이렇게 하면 바쁜 일상에서도 쉽게 수행을 지속할 수 있습니다.

이제 잠시 마음을 가다듬고 천수경을 독송해보세요. 소리 내어 독송해도 좋고, 마음속으로 조용히 읊조려도 좋습니다. 그 울림이 내 몸과 마음 깊숙이 스며드는 것을 느껴보시기 바랍니다.

2장

천수경 수행을
지속하는 습관

1. 천수경 수행을 지속하는 것이 어려운 이유

천수경 수행을 시작할 때는 누구나 열정을 가지고 꾸준히 하겠다고 다짐하지만, 시간이 흐를수록 초심을 유지하기가 쉽지 않습니다. 많은 불자들이 다음과 같은 고민을 털어놓습니다.

"처음에는 매일 열심히 독송했지만, 조금 지나면 자꾸 게을러져요."

"바쁜 일상 속에서 수행을 꾸준히 하는 것이 너무 어렵습니다."

"마음은 원하지만, 매일 일정한 시간을 내기가 쉽지 않아요."

이러한 어려움을 겪는 것은 당연한 일입니다. 수행을 지속하려면 의지만으로는 부족합니다. 일상에서 자연스럽게 수행을 이어갈 수 있는 좋은 습관과 환경을 만드는 것이 중요합니다. 습관을 들이게 되면 천수경 수행은 어렵지 않고 자연스러워지며, 삶의 중심을 바로잡고 마음의 평화를 유지하는 가장 큰 힘이 됩니다.

이제부터 천수경 수행을 꾸준히 이어갈 수 있는 구체적인 방법과 습관 형성의 지혜를 함께 살펴보겠습니다.

2. 천수경 수행을 지속하는 5가지 습관

천수경 수행을 지속하기 위해서는 특별한 의지나 힘든 노력이 아니라, 자연스럽게 일상 속에 스며드는 습관을 만드는 것이 중요합니다. 다음에 소개하는 다섯 가지 방법은 누구나 부담 없이 실천할 수 있는 방법들이며, 꾸준한 수행의 힘을 경험할 수 있게 도와줄 것입니다.

① "아침 5분, 저녁 5분" 독송 습관 만들기

바쁜 현대인들은 긴 시간을 내어 수행하기가 현실적으로 어렵습니다. 하루에 10분이면 충분합니다. 아침에 눈을 뜨고 시작하는 5분, 저녁에 하루를 마무리하는 5분 동안만이라도 천수경을 독송하는 습관을 들여보세요. 매일 5분의 작은 습관이 당신의 삶에 커다란 변화를 가져올 수 있습니다.

실천 방법:
- 아침에 일어나자마자 정구업진언과 신묘장구대다라니를 천천히 독송하며 하루를 시작하세요.
- 자기 전에는 참회게와 사홍서원을 독송하며 하루 동안의 마음과 행동을 돌아보는 시간을 가져보세요.

② **"정해진 장소와 시간"을 설정하기**

습관은 환경과 깊은 관련이 있습니다. 늘 같은 시간, 같은 장소에서 천수경을 독송하다 보면, 마음과 몸이 자연스럽게 수행에 익숙해지게 됩니다. 그렇게 되면 수행이 일상이 되고 생활의 일부가 됩니다.

실천 방법:
- 집 안에 천수경 독송을 위한 작은 공간을 마련하세요. 간단한 불단이나 향, 촛불 등을 준비하면 더욱 좋습니다.
- 아침 출근 전, 점심시간, 저녁 식사 후 등 본인의 생활 패턴에 맞는 시간을 정하고, 꾸준히 독송해보세요.

③ **"천수경 수행 체크리스트"를 활용하기**

수행을 꾸준히 이어가려면 작은 성취감을 느끼는 것이 중요합니다. 하루의 독송 여부를 체크하는 습관을 가지면, 수행이 더욱 즐거워지고 지속력을 높일 수 있습니다.

실천 방법:

- 매일 천수경을 독송했는지 확인할 수 있는 체크리스트를 만들어보세요.
- 수행 일지나 노트에 체크하거나, 달력에 표시하는 방식으로 수행 기록을 눈으로 확인할 수 있게 하세요. 이렇게 하면 작은 성취감을 느끼며 꾸준한 동기를 얻을 수 있습니다.

④ 가족이나 친구와 함께 수행하기

함께 수행하면 즐거움이 배가되고 꾸준히 수행할 수 있는 힘이 생깁니다. 특히 가족들과 함께 독송하는 습관을 만들면 가정의 분위기도 좋아지고, 서로의 마음을 이해하는 데 큰 도움이 됩니다.

실천 방법:

- 부모님, 배우자, 자녀와 함께 매일 같은 시간에 천수경을 독송하는 시간을 가져보세요.
- 독송을 마친 뒤에는 짧게 서로의 느낌과 생각을 나누는 시간을 가지면, 수행이 더욱 깊어지고 의미 있는 시간이 됩니다.

⑤ "천수경 수행의 목적"을 명확히 설정하기

수행이 오래 지속되려면 분명한 목적과 원력이 있어야 합니다. "왜 천수경을 독송하고자 하는지" 그 이유를 구체적으로 정리해두면, 순간적으로 흔들릴 때 다시 수행으로 돌아오는 힘이 됩니다.

실천 방법:

아래와 같이 구체적이고 간결한 목적을 정하고 매일 독송 전후로 되새겨보세요.

- "나는 천수경을 독송하여 마음의 평화를 얻겠습니다."
- "나는 천수경 수행을 통해 내 안의 부정적인 업을 정화하겠습니다."
- "나는 천수경을 독송하여 나와 내 가족, 주변의 모든 이들에게 좋은 에너지를 전하겠습니다."

이렇게 구체적인 수행 목적을 설정하고 독송하면, 수행의 의미가 분명해지고 흔들리지 않는 습관으로 정착할 수 있습니다.

지금 바로 천수경을 독송해보세요. 짧게 읽어도 좋습니다. 작은 습관이 꾸준한 수행의 힘을 만들어 갈 것입니다.

3. 천수경 수행을 지속하는 데 도움이 되는 실천법

천수경 수행을 꾸준히 유지하는 것이 어렵게 느껴질 때가 있습니다. 수행을 하다 보면, 때로는 일이 바쁘거나 몸과 마음이 지쳐 수행이 어렵게 느껴질 수 있습니다. 그럴 때는 억지로 무리하기보다 편안한 마음으로 작은 실천을 계속해가는 것이 중요합니다. 다음의 다섯 가지 실천법을 통해 천수경 수행을 자연스럽게 지속할 수 있는 방법을 소개합니다.

① 바쁜 날에는 짧게라도 수행하기

매일 완벽하게 수행하기는 현실적으로 어렵습니다. 바쁜 날에는 긴 경전 전체를 독송하지 못하더라도, 신묘장구대다라니나 정구업진언만이라도 짧게 독송하는 습관을 가져보세요. 1분, 3분이라도 좋습니다. 중요한 것은 수행의 흐름을 끊지 않고 지속하는 것입니다.

② 수행을 하기 전에 마음을 가다듬기

수행 전에는 잠시 눈을 감고 편안히 앉아 천천히 호흡을 가다듬는 습관을 가져보세요. 1, 2분간 깊게 숨을 들이쉬고 내쉬며 마음을 차분하게 하면, 천수경을 독송할 때 더 깊이 몰입할 수 있고, 수행의 효과도 배가됩니다.

③ 수행이 끝나면 반드시 회향하기

회향은 수행의 공덕을 나만을 위한 것이 아니라 모든 중생과 함께 나누겠다는 마음의 표현입니다. 수행 후 짧게라도, "오늘 이 수행의 공덕을 모든 중생과 함께 나누겠습니다"라고 마음속으로 기도하면 수행의 의미가 더 깊어지고, 꾸준히 수행을 지속할 수 있는 동기부여가 됩니다.

④ 천수경을 들으며 수행하기

혼자서 독송하기 어려울 때는, 남산 충정사 유튜브 채널이나 천수경 독송 음원을 틀어놓고 함께 따라 하면서 수행해보세요. 다른 사람의 목소리를 따라 천천히 독송하면 마음이 안정되고 더 쉽게 수행에 집중할 수 있습니다. 이것은 수행을 습관으로 만드는 데 효과적인 방법입니다.

⑤ 수행이 어려울 때는 천천히라도 다시 시작하기

수행이 한동안 중단될 수 있습니다. 하지만 완벽함보다 중요한 것은 포기하지 않고 다시 시작하는 마음입니다. 한 번의 공백이 있어도 다시 천수경 수행을 천천히 시작하면 됩니다. 수행을 지속하는 힘은 완벽한 수행이 아니라 꾸준히 이어가는 작은 실천에서 나옵니다.

지금 이 순간, 편안한 마음으로 천수경 한 구절이라도 독송해보세요. 소리 내어 천천히 읊어도 좋고, 마음속으로 조용히 읊조리며 그 울림이 몸과 마음에 전해지는 것을 느껴보시기 바랍니다. 그 순간이 바로 당신의 수행이 지속되는 아름다운 출발점이 될 것입니다.

3장

천수경을 통한
화해와 용서의 수행

1. 화해와 용서는 수행자의 필수적인 덕목

불교 수행의 핵심 가르침 중 하나는 바로 화해(和解)와 용서(容恕)입니다. 우리가 살아가는 동안 가족, 친구, 동료와의 관계 속에서 크고 작은 갈등과 오해가 생기기 마련입니다. 때로는 누군가의 말이나 행동에 상처를 받고, 또 때로는 나도 모르게 누군가에게 상처를 줄 때도 있습니다.

수행자라면 이러한 질문과 마주하게 됩니다.

"어떻게 하면 과거의 상처를 내려놓고 평온한 마음을 찾을 수 있을까?"

"마음속에서 일어나는 미움과 원망의 감정을 어떻게 다스릴 수 있을까?"

"천수경 수행을 통해 진정한 화해와 용서를 실천할 수 있을까?"

천수경에는 과거에 지은 잘못을 참회하고, 마음속의 미움을 내려놓으며, 상대방과 진심으로 화해할 수 있도록 이끄는 수행법이 담겨 있습니다. 이 장에서는 천수경의 가르침을 통해 화해와 용서를 실천하는 구체적인 방법을 함께 살펴보겠습니다.

2. 천수경 속 화해와 용서의 가르침

천수경은 단순한 경전 독송을 넘어서, 우리 삶 속에서 화해와 용서를 구체적으로 실천할 수 있도록 안내합니다. 천수경의 각 진언과 가르침을 통해 화해와 용서의 의미를 자연스럽게 터득할 수 있습니다.

① 정구업진언(淨口業眞言): 말로 지은 업을 깨끗이 하는 수행

우리는 의도하지 않았어도 때로는 말 한 마디로 상대방에게 큰 상처를 주기도 합니다. 정구업진언을 독송하면서 과거에 내가 했던 잘못된 말들을 참회하고, 앞으로는 따뜻하고 올바른 말을 하겠다고 다짐할 수 있습니다. 이를 통해 상처받은 관계가 회복되고, 서로 이해하는 계기를 마련할 수 있습니다.

② 참회게(懺悔偈): 잘못을 인정하고 참회하는 수행

진정한 화해와 용서의 시작은 자신의 잘못을 인정하는 것입니다. 참회게를 독송하면서 스스로의 부족한 점과 실수를 겸허히 인정하고, 진심으로 참회하는 마음을 가지게 됩니다. 이러한 진정성 있는 참회는 상대방의 마음을 열어 화해를 이끌어내는 힘을 가집니다.

③ 사홍서원(四弘誓願): 중생을 돕고 이해하는 마음을 키우는 수행

사홍서원의 첫 번째 서원인 '중생무변서원도(衆生無邊誓願度)'는 모든 중생을 돕겠다는 자비로운 마음을 담고 있습니다. 이 서원을 독송하며 나를 포함하여 상대방의 입장을 이해하고 받아들이는 연습을 하게 됩니다. 상대의 아픔을 이해하려 노력할 때 진정한 용서와 화해가 가능합니다.

④ 신묘장구대다라니(神妙章句大陀羅尼): 마음을 정화하고 보호하는 수행

신묘장구대다라니는 마음을 정화하여 화와 미움 같은 부정적인 감정을 자연스럽게 내려놓게 합니다. 이 다라니를 독송하면 감정적인 흔들림이 줄어들고, 미움과 원망 대신 평화로운 마음으로 상대방을 바라보게 됩니다. 이를 통해 용서의 마음이 쉽게 자리 잡을 수 있습니다.

⑤ 정법계진언(淨法界眞言): 관계를 정화하고, 평화를 이루는 수행

정법계진언을 독송하면 내 마음뿐 아니라 내가 맺고 있는 관계와 환경까지 맑고 청정해지는 경험을 하게 됩니다. 독송을 통해 만들어지는 이 청정한 에너지는 상대방과의 관계를 회복하고, 서로에게 긍정적이고 평화로운 기운을 불어넣습니다. 관계에서 오는 긴장과 갈등이 점차 사라지고, 서로를 향한 진심 어린 화해와 용서가 이루어지게 됩니다.

3. 천수경을 통한 화해와 용서 수행법

천수경을 통해 화해와 용서를 실천하면 마음의 평화를 얻을 수 있습니다. 매일의 수행 속에서 이 방법들을 사연스럽게 실천해보세요. 편안하고 따뜻한 마음으로 실행하면 관계에서의 미움과 원망이 점차 사라지고 진정한 용서와 화해의 길이 열립니다.

① 갈등이 있는 사람을 떠올리며 천수경을 독송하기

마음속에 갈등이나 원망을 느끼는 사람이 있다면, 그 사람을 편안히 떠올리면서 천수경을 독송해보세요. 처음에는 마음이 힘들 수도 있지만, 부처님과 관세음보살의 가피로 미움의 감정이 점점 줄어드는 경험을 하게 됩니다.

실천 방법:

- 편안한 자세로 앉아 조용히 호흡을 고르고 천수경을 천천히 독송합니다.
- 독송을 하면서 상대방을 떠올리고 마음속으로 "부처님, 이 관계가 원만히 풀리고 서로를 진심으로 이해할 수 있도록 도와주세요"라고 기도합니다.

② 마음속으로 "나는 당신을 용서합니다"라고 선언하기

상대가 사과하지 않았더라도 내가 먼저 용서하는 것이 수행입니다. 천수경 수행을 마치고 조용히 마음속으로 선언해보세요.

실천 방법:

- "나는 이제 당신을 용서합니다. 우리 관계가 더 이상 갈등과 미움으로 얼룩지지 않기를 바랍니다"라고 스스로 다짐해보세요.
- 반복해서 선언하다 보면 마음속에 쌓였던 앙금이 자연스

럽게 녹아내리는 것을 경험할 수 있습니다.

③ 나 자신을 용서하는 수행을 하기

우리는 때로 자신을 용서하지 못하는 경우가 많습니다. 스스로의 실수와 잘못을 너무 가혹하게 대하지 말고, 천수경 수행과 함께 자신을 용서하는 연습을 해보세요.

실천 방법:
- 천수경을 독송하면서 마음속으로 다짐합니다. "나는 나 자신을 용서합니다. 과거의 실수는 인정하지만, 더 이상 나 자신을 괴롭히지 않겠습니다."
- 매일 수행을 지속하면 자신을 대하는 태도가 점차 너그러워지고, 마음이 편안해집니다.

④ 용서를 위한 원력을 세우고 수행하기

천수경을 독송할 때마다 용서와 화해를 위한 명확한 원력을 세워 수행하면 더욱 효과적입니다. 수행하면서 용서하고 화해하고자 하는 대상과 관계가 더욱 분명해지고 명확한 변화가 일어납니다.

실천 방법:
- 천수경 독송 전, "이 수행을 통해 나의 미움과 원망의 감정이 정화되고 화해와 용서가 이루어지기를 바랍니다"라

고 발원합니다.
- 매일 꾸준히 원력을 세우며 독송하면 마음이 열리고 긍정적인 관계 변화가 나타납니다.

⑤ 수행의 공덕을 회향(廻向)하여 갈등을 풀기

천수경을 독송한 후, 그 수행의 공덕을 갈등이나 어려움을 겪고 있는 사람에게 회향해보세요. 수행의 힘이 상대에게도 전달되어 관계가 개선되는 효과를 경험할 수 있습니다.

실천 방법:
- 독송을 마친 뒤 "이 수행의 공덕을 갈등이 있는 사람과 모든 중생에게 돌립니다. 우리의 관계가 원만하게 회복되고 서로에게 좋은 인연이 되기를 바랍니다"라고 기도합니다.

지금 이 순간, 편안한 마음으로 천수경을 독송해보세요. 소리 내어 천천히 읊어도 좋고, 마음속으로 조용히 읊어도 좋습니다. 천수경의 울림이 마음 깊이 전달되는 것을 느껴보세요. 용서와 화해의 힘이 마음 안에 자리 잡고 있는 것을 체험할 수 있을 것입니다.

4. 천수경 수행을 통한 화해와 용서의 효과

천수경 수행을 통해 진정한 화해와 용서를 실천하면 마음에 크고 작은 긍정적인 변화가 찾아옵니다. 처음엔 어렵게 느껴질 수도 있지만, 꾸준히 실천하면 다음과 같은 아름다운 변화들이 일어납니다.

마음이 차분해지고 감정이 가라앉습니다.
천수경 독송과 함께 용서를 실천하다 보면 감정의 파도가 잔잔해지고, 마음이 깊은 평화 속으로 들어가는 것을 경험하게 됩니다.

과거의 상처와 집착을 자연스럽게 내려놓게 됩니다.
수행을 지속할수록 마음속에 묻어둔 오래된 상처나 미움의 감정이 천천히 풀려나갑니다. 집착에서 벗어나 더욱 자유로운 마음을 얻을 수 있습니다.

상대방을 진심으로 이해하는 마음이 커지고, 인간관계가 개선됩니다.
천수경 수행과 함께 용서를 실천하면 상대방의 입장에서 생각하게 되고, 상대방의 행동을 좀 더 너그럽게 이해하게 됩니다. 그러면 자연스럽게 관계가 좋아지고 주변 사람들과의 관계가 더 부드러워집니다.

미움과 분노가 사라지고, 긍정적인 에너지가 내면에 가득 차게 됩니다.

수행을 통해 내면의 부정적 감정을 씻어내면, 그 자리에 따뜻한 긍정의 기운이 들어오게 됩니다. 이 긍정의 힘은 일상에서 마주치는 다양한 어려움을 이겨낼 수 있는 원동력이 됩니다.

관세음보살의 가피를 받아 삶이 더욱 원만해지고 행복해집니다.

천수경을 통해 화해와 용서를 실천하면, 관세음보살의 자비로운 가피가 삶에 미치게 됩니다. 관계가 원만해지고 삶 전체가 더 평화롭고 행복한 방향으로 나아가게 됩니다.

이것이 바로 천수경 수행의 놀라운 힘이며, 꾸준히 화해와 용서를 실천할 때 얻을 수 있는 값진 가피입니다. 지금 이 순간, 마음을 열고 천수경을 독송해보세요. 용서의 힘이 내 마음에 고요히 자리 잡는 것을 느껴보세요.

4장

천수경 수행과 관계 개선
가족, 친구, 직장에서의 실천법

1. 인간관계는 수행의 가장 큰 시험장

우리는 매일 가족, 친구, 직장 동료 등 다양한 사람들과 만나고 소통하며 살아갑니다. 때로는 이러한 관계가 기쁨과 행복을 주지만, 반대로 갈등과 스트레스의 원인이 되기도 합니다. 그래서 인간관계는 수행자에게 가장 중요한 시험장이자, 내 수행의 깊이를 확인할 수 있는 거울과 같습니다.

"가족과의 갈등을 수행을 통해 해결할 수 있을까요?"
"직장에서 힘든 인간관계에 어떻게 대처해야 할까요?"
"천수경을 수행하면 관계가 정말 좋아질까요?"
불교에서는 우리가 만나는 모든 인연이 과거의 업(業)과 연결되어 있다고 가르칩니다. 그렇기에 우리가 맺는 인간관계 또한 수행의 일부분이며, 업장을 정화하고 관계를 개선하는 것도 수행의 중요한 목표입니다.

천수경 수행을 통해 관계를 바르게 맺고, 더욱 평화롭게 유지하는 방법을 함께 살펴보겠습니다.

2. 천수경 속 관계 개선의 가르침

천수경은 단지 개인의 수행만을 강조하는 것이 아닙니다. 천수경의 여러 구절들은 우리 주변 사람들과의 관계를 개선하는 데도 깊은 지혜와 수행의 방법을 제시합니다. 각 구절의 의미를 마음에 깊이 새기며 독송하면 자연스럽게 주변 사람들과의 관계가 좋아지고 삶이 더 평화로워집니다.

① **정구업진언(淨口業眞言): 좋은 말이 좋은 인연을 만드는 수행**
우리는 말 한 마디로 서로에게 큰 기쁨을 주기도 하고, 때로는 깊은 상처를 주기도 합니다. 천수경 속 정구업진언은 우리가 말로 지은 나쁜 업을 깨끗이 씻어내고, 앞으로 따뜻한 말, 위로의 말을 하도록 도와주는 수행입니다. 이 진언을 독송하면서, 앞으로는 더욱 부드럽고 긍정적인 말을 사용하겠다고 다짐해보세요.

② 참회게(懺悔偈): 잘못을 인정하고 관계를 개선하는 수행

인간관계에서 가장 중요한 것은 잘못을 인정하고 용서를 구하는 마음입니다. 참회게는 과거의 실수를 인정하고 앞으로 더 나은 관계를 맺겠다고 다짐하는 수행입니다. 상대방과 갈등이 있을 때, 참회게를 독송하면서 스스로의 잘못을 진솔하게 돌아보고, 상대방의 입장을 이해하려 노력해보세요.

③ 사홍서원(四弘誓願): 모든 중생과 바른 관계를 맺는 수행

사홍서원은 단지 개인의 깨달음뿐 아니라 모든 중생과 함께 깨달음의 길을 걷겠다는 원력을 다짐하는 수행입니다. 사홍서원을 독송하며 주변 사람들에게 더 깊은 이해와 자비심을 가지고 대하겠다고 결심해보세요. 이렇게 하면 사람들과의 관계가 자연스럽게 더 원만해지고 깊어집니다.

④ 신묘장구대다라니(神妙章句大陀羅尼): 관계 속의 장애를 없애는 수행

신묘장구대다라니는 강력한 정화의 힘을 지닌 수행입니다. 인간관계에서 생기는 오해와 갈등을 없애고, 더 명료하고 긍정적인 관계로 이끌어주는 힘을 갖고 있습니다. 갈등이 생기거나 마음이 불편할 때 이 다라니를 독송하면, 자연스럽게 관계가 풀리고 좋은 인연으로 변화하는 경험을 하게 됩니다.

⑤ **정법계진언**(淨法界眞言): **관계의 에너지를 맑게 하는 수행**

우리가 살아가는 환경과 관계에는 다양한 에너지가 흐릅니다. 정법계진언을 독송하면 주변 환경이 맑고 깨끗한 에너지로 가득 차게 되어 관계 속에서 생기는 불필요한 긴장과 갈등이 줄어듭니다. 이 진언을 통해 가족, 직장, 친구 등 주변 사람들과의 관계가 더욱 밝고 조화롭게 변하는 것을 느낄 수 있습니다.

천수경 수행을 통해 이 다섯 가지 가르침을 일상에서 실천하면, 관계는 자연히 개선되고, 더욱 풍요롭고 따뜻한 삶을 살아갈 수 있을 것입니다.

3. 천수경 수행을 활용한 관계 개선 실천법

천수경 수행은 우리 삶의 모든 관계를 더 원만하게 개선하는 강력한 도구입니다. 수행의 핵심은 마음을 고요하게 하고, 상대를 이해하며 자비를 실천하는 것입니다. 아래의 방법들을 통해 천수경의 가르침을 일상 속에서 실천해보세요.

① **가족과의 관계를 개선하는 수행법**

가족은 가깝기 때문에 오히려 더 쉽게 상처를 줄 수 있습니다. 가족 간에 갈등이 있을 때는 천수경의 가르침을 떠올리며 화를 가라앉히고 자비로운 마음을 키우는 것이 중요합니다.

실천 방법:

- 매일 아침 혹은 저녁 가족을 위한 기도를 하며 천수경을 독송해보세요.

  예: "관세음보살, 우리 가족이 늘 건강하고 평화롭게 지낼 수 있도록 가피를 내려주소서."

- 가족과의 갈등이 생기면 즉시 정구업진언을 독송하며 말을 신중히 하고, 참회게를 통해 내 잘못을 인정하고 사과하는 마음을 가지세요.

② **친구와의 관계를 개선하는 수행법**

친구 사이에도 시간이 지나면서 때로 오해나 갈등이 생길 수 있습니다. 천수경 수행을 통해 그런 관계를 다시 회복할 수 있습니다.

실천 방법:

- 친구에게 연락하기 전, 마음속으로 신묘장구대다라니를 독송하며, "우리 우정이 좋은 인연으로 계속 이어지기를 바랍니다" 라고 마음을 모아보세요.

- 갈등이 있었던 친구에게 용서와 화해의 마음을 담아 천수경을 독송하며 상대방의 좋은 점을 생각해보세요.

③ 직장에서 인간관계를 개선하는 수행법

직장은 다양한 사람들과 협력해야 하는 공간이기 때문에, 갈등이 자주 발생합니다. 천수경 수행을 통해 스트레스를 줄이고 관계를 더욱 긍정적으로 만들어보세요.

실천 방법:

- 출근 전에 정법계진언을 독송하며, "오늘 하루 나와 함께 일하는 모든 사람들이 평화롭기를 바랍니다"라고 다짐해보세요.
- 직장에서 갈등이 생길 때는 사홍서원을 독송하며 상대방의 입장을 이해하려고 노력해보세요.
- 중요한 회의나 만남 전에 신묘장구대다라니를 조용히 독송하여 마음을 차분하게 유지하세요.

④ 대인관계에서 갈등이 생길 때 활용하는 수행법

사람들과의 갈등 상황에서 천수경은 마음의 중심을 잡고 지혜롭게 대처할 수 있도록 도와줍니다.

실천 방법:

- 감정이 격해질 때는 잠시 숨을 고르고, '번뇌무진서원단

(煩惱無盡誓願斷)'을 떠올리며 스스로의 감정을 진정시키는 연습을 하세요.
• 화를 내기 직전 '옴 남(淨法界眞言)'을 짧게 독송하여 마음의 여유를 되찾으세요.

⑤ 상대방을 위한 회향 수행법

수행 후 공덕을 회향하면, 관계 개선에 큰 효과가 있습니다. 내 수행의 공덕이 상대방에게도 긍정적인 영향을 미치게 됩니다.

실천 방법:

• 천수경을 독송한 후, "이 수행의 공덕을 내가 만나는 모든 사람들, 특히 갈등이 있는 사람들에게 돌립니다"라고 진심을 담아 기도하세요.
• 상대방의 행복을 진심으로 기원하는 마음을 키우며 천수경을 수행해보세요.

이러한 실천을 꾸준히 하면, 관계에서 경험하는 어려움이 줄어들고, 상대방과의 관계가 점차 개선되는 놀라운 경험을 하게 될 것입니다.

지금 바로 천수경을 독송하며 관계 개선의 첫걸음을 시작해보세요. 소리 내어 독송하거나 마음속으로 읊조리며, 그 깊은 울림이 여러분의 몸과 마음에 퍼져나가는 것을 느껴보세요.

4. 천수경 수행을 통해 관계를 개선하면 생기는 변화

천수경을 꾸준히 독송하고 실천하면서 관계를 개선하면, 우리 삶에는 많은 긍정적인 변화가 일어납니다.

- **가족 간의 다툼이 줄어들고, 서로를 더 깊이 이해하게 됩니다.**

천수경 수행을 통해 참회와 자비심을 실천하면, 가족 간의 오랜 갈등과 상처가 치유되며, 서로를 더 배려하고 아끼는 따뜻한 가정이 만들어집니다.

- **친구 관계에서 오해와 갈등이 줄어들고, 소중한 인연이 지속됩니다.**

정구업진언을 독송하며 바른 말을 실천하면, 오해가 해소되고 친구와 더 깊은 신뢰를 쌓을 수 있습니다.

- **직장에서 인간관계가 원만해지고, 불필요한 갈등과 스트레스가 줄어듭니다.**

사홍서원을 통해 타인을 이해하고 받아들이려는 노력을 하다 보면, 동료들과의 협력이 원활해지고 업무 만족도가 높아집니다.

- **사람들과의 관계에서 스트레스와 긴장이 줄어들고, 마음이 평온해집니다.**

  신묘장구대다라니나 정법계진언 독송을 통해 내면의 평화와 고요함을 얻어, 어떤 상황에서도 차분하게 대응하는 지혜를 가지게 됩니다.

이러한 변화들이 바로 천수경 수행이 지닌 놀라운 힘이자, 관계를 바르게 맺으며 살아갈 때 얻을 수 있는 관세음보살의 가피입니다.

지금 천수경을 독송하며 이 모든 변화를 직접 체험해 보시기 바랍니다. 독송의 울림이 여러분의 삶과 관계 속에 깊이 스며들어 행복과 평화를 가져다줄 것입니다.

5부

천수경 수행 프로그램 & 실천 가이드

체계적인 수행을 위한 프로그램과 체크리스트

1장

하루 5분 천수경 수행 프로그램

1. 바쁜 현대인을 위한 5분 수행

현대 사회를 살아가다 보면 바쁘다는 이유로 수행을 지속하기 어렵다는 고민이 많습니다. 그렇다고 수행을 아예 하지 않는다면, 삶에서의 스트레스와 불안이 더 커지기 마련입니다. 많은 분들이 질문합니다.

"긴 시간 수행하는 것이 부담됩니다. 5분만으로도 효과가 있을까요?"

"짧은 시간이라도 매일 하면 수행의 힘이 생길까요?"

이에 대한 대답은 명확히 "네!"입니다.

수행에서 가장 중요한 것은 긴 시간의 수행이 아니라, 꾸준히 매일 지속적으로 하는 것입니다. 하루에 단 5분만이라도 천수경을 독송하고 수행을 실천하면, 마음의 안정과 평화를 경험하게 됩니다. 천수경 수행을 통해 업장이 정화되고 좋은 인연이 찾아오며, 삶 속에서 수행의 힘이 자연스럽게 쌓이게 됩니다.

지금부터 하루 5분 천수경 수행 프로그램을 통해 쉽고 편안하게 수행을 지속할 수 있는 방법을 안내해드리겠습니다.

2. 하루 5분 천수경 수행 프로그램 구성

이 프로그램은 바쁜 일상 속에서도 하루 단 5분만으로 천수경 수행을 실천할 수 있도록 짧고 간결하게 구성된 수행 프로그램입니다.

다음의 네 단계를 차례대로 실천해보세요.

① 1분: 마음을 다스리는 호흡 수행

편안한 자세로 앉아 눈을 감고 천천히 깊게 호흡합니다. 들이쉬고 내쉬는 숨에 온전히 집중하며, 마음을 안정시키고 수행을 시작할 준비를 합니다.

실천 팁:

"숨을 들이쉬고 내쉴 때마다 내 몸과 마음이 맑아집니다" 라고 생각해보세요.

② 2분: 천수경의 핵심 진언 독송

천수경의 핵심 진언인 정구업진언과 신묘장구대다라니 중 하나를 선택하여 독송합니다. 진언을 천천히 명확하게 독송하면서, 진언의 울림을 몸과 마음으로 느껴보세요.

실천 팁:

- 정구업진언: 말로 지은 업을 정화하고 좋은 말을 하겠다고 다짐합니다.
- 신묘장구대다라니: 내면의 불안을 해소하고 보호받는 느낌을 강화합니다.

③ 1분: 수행 다짐과 회향

진언 독송 후, 잠시 마음속으로 다음과 같은 수행의 다짐과 회향을 해보세요.

"이 수행이 나와 내 가족, 그리고 모든 중생을 위해 도움이 되기를 바랍니다. 오늘 하루도 바르고 맑은 마음으로 살겠습니다."

이러한 다짐과 회향은 수행의 의미를 더욱 깊게 합니다.

④ 1분: 짧은 명상과 수행 마무리

마지막 1분 동안은 아무 말 없이 고요히 앉아 방금 전 수행의 여운을 느껴보세요. 수행을 통해 맑아진 마음을 가만히 바라보며 하루의 수행을 마무리합니다.

실천 팁:

"이 고요함과 평화로움이 오늘 하루 동안 나와 함께할 것입니다."라고 속으로 되뇌어보세요.

이렇게 짧지만 체계적인 네 단계를 따라가면, 하루 단 5분으로도 천수경 수행의 효과를 충분히 얻을 수 있습니다.

3. 하루 5분 천수경 수행 프로그램 실천법

바쁜 일상 속에서도 쉽게 따라 할 수 있는 수행법을 구체적으로 안내해드리겠습니다. 다음 4단계를 천천히 따라 해보세요.

① 1분: 마음을 다스리는 호흡 수행

먼저 편안히 앉아 눈을 감고 몸과 마음의 긴장을 풉니다. 깊이 숨을 들이쉬고, 천천히 내쉬며 마음을 고요하게 합니다.

마음속으로 다음과 같이 다짐합니다.

"나는 지금 이 순간 수행을 시작합니다. 내 몸과 마음이 차분해지고 맑아집니다."

② 2분: 천수경의 핵심 진언 독송

짧은 시간이지만 가장 핵심적인 진언을 독송하여 수행의 힘을 얻습니다. 다음 세 가지 진언을 각 3번씩 조용히 독송하세요.

- 정구업진언 (입으로 지은 업을 정화하는 수행)

  수리 수리 마하수리 수수리 사바하 (3번)

- 신묘장구대다라니 (업장을 소멸하고 보호받는 수행)

  옴 나모 라다나 다라 야야 나막 알약 바로기제 새바라야

  (3번)

- 정법계진언 (법계를 정화하는 수행)

  옴 남 (3번)

독송하면서 진언의 의미가 몸과 마음 깊이 스며드는 것을 느껴보세요.

③ 1분: 수행 다짐과 회향

진언 독송을 마친 후, 오늘 하루 수행자로서의 다짐을 명확히 세우고 수행의 공덕을 나눕니다. 다음과 같이 다짐하세요.

"오늘 하루 바른 말과 행동을 실천하겠습니다.

이 수행의 공덕을 나뿐만 아니라 모든 중생과 함께 나누겠습니다."

이러한 마음가짐은 수행의 가치를 더욱 빛나게 합니다.

④ 1분: 짧은 명상과 수행 마무리

마지막 1분은 조용히 눈을 감고 명상합니다. 호흡을 고르게 하면서 수행의 평온한 기운을 느껴보세요. 다음과 같이 속으로 되뇌어 보며 수행을 마무리합니다.

"이 맑고 밝은 마음이 오늘 하루 내내 나와 함께할 것입니다."

이제 바로 한 번 따라 해보세요. 소리 내어 읽어도 좋고, 마음속으로 조용히 읊어도 좋습니다. 짧은 수행의 울림이 몸과 마음을 정화하는 것을 느껴보세요.

2장

천수경 수행 기록 노트
독송 체크리스트

1. 수행을 기록하는 것이 중요한 이유

　수행은 단기간의 노력으로 이루어지지 않습니다. 매일의 작은 실천이 쌓여 커다란 변화를 만들어냅니다. 하지만 수행을 꾸준히 이어가는 것이 쉽지만은 않습니다. 많은 분들이 이런 고민을 합니다.
　"천수경을 매일 독송하고 싶은데, 자꾸만 까먹게 됩니다."
　"수행의 효과가 눈에 보이면 좋겠습니다."
　"어떻게 하면 꾸준히 수행할 수 있을까요?"
　이때, 수행을 기록하는 작은 습관을 가지면 큰 도움이 됩니다.

수행 기록을 하면:
- 꾸준히 수행하는 습관이 형성됩니다.
- 수행의 효과와 변화를 눈으로 확인할 수 있습니다.
- 수행의 깊이를 더욱 키울 수 있습니다.

이 장에서는 천수경 수행 기록 노트 활용법과, 매일의 수행을 점검할 수 있는 독송 체크리스트 작성법을 안내하겠습니다.

2. 수행 기록을 하면 생기는 변화

수행 기록은 다음과 같은 여러 변화를 만들어줍니다.

① 꾸준히 수행할 수 있는 동기부여

매일 수행을 기록하면 "어제도 했으니 오늘도 해야겠다"는 마음이 생기고, 중간에 중단하지 않고 끝까지 지속할 수 있습니다.

② 수행의 변화를 스스로 확인

수행을 하고 나서 내 마음의 변화를 기록하면, 천수경 수행이 가져다주는 평화로움과 긍정적인 변화를 스스로 확인할 수 있습니다.

③ 자율적인 수행 목표 설정과 성취감 체득

"이번 달에는 천수경을 100번 독송하겠다."

"100일 동안 매일 신묘장구대다라니를 독송하겠다."

이런 목표를 세우고 성취하면 수행의 기쁨이 더욱 커집니다.

④ 수행을 통해 얻는 깨달음과 경험을 기록하며 더 깊은 수행 가능

수행 중 떠오르는 생각, 느낌, 깨달음을 기록하면 단순히 읽고 끝나는 게 아니라, 삶 속에서 더 깊이 있는 수행을 할 수 있습니다.

⑤ 자신에게 맞는 수행 패턴을 파악하고 개선

기록을 통해 어떤 환경에서 수행이 잘 되는지, 언제 수행이 어렵고 쉬운지 파악하여 나만의 수행 방식을 찾고 개선할 수 있습니다.

3. 천수경 독송 체크리스트 작성법

다음과 같은 방식으로 간단하게 수행 체크리스트를 만들어 보세요. 하루의 수행 여부와 느낌을 간단히 기록하면 됩니다.

날짜	시간	독송한 진언 또는 구절	수행 후의 느낌이나 깨달음	체크
3/1	아침	신묘장구대다라니	마음이 편안해짐	☐
3/2	저녁	정구업진언, 사홍서원	화가 나다가 차분해짐	☐
3/3	아침	신묘장구대다라니	잡념이 줄고 맑아짐	☐

Tip:
- 가능한 한 짧고 간단하게 기록하세요.
- 매일 독송한 후 바로 체크하면 더욱 효과적입니다.
- 수행 후의 느낌이나 변화를 솔직하게 기록하면, 자신의 변화를 더욱 잘 알 수 있습니다.

4. 천수경 수행 기록 노트를 작성하는 효과적인 방법

① 매일 같은 시간에 수행하고 기록하기

수행 시간을 일정하게 정하고 기록하면, 몸과 마음이 자연스럽게 수행을 준비하게 됩니다.

② 간단히라도 매일 기록하기

짧게라도 기록하는 습관이 중요합니다. "편안했다", "불안감이 줄었다", "마음이 맑아졌다" 등의 간단한 기록으로 충분합니다.

③ 주간, 월간 점검하기

일주일, 한 달 단위로 점검하며 수행의 횟수나 내용을 돌아보는 시간을 가지면 더욱 수행의 효과가 높아집니다.

④ 가족이나 친구와 함께 기록을 공유하기

서로 기록을 공유하며 수행을 점검하면 더욱 즐겁게 수행을 지속할 수 있습니다.

⑤ 작은 수행 목표부터 시작하기

처음부터 무리한 목표를 잡기보다는, 하루 1회 독송, 일주일간 매일 독송 등 작은 목표를 설정해 꾸준히 실천해보세요.

이제 천수경 수행 기록 노트를 만들어보세요. 기록이 쌓일수록, 당신의 삶이 수행으로 가득 차는 변화를 경험하게 될 것입니다.

5. 천수경 수행 기록 노트 작성법

수행 기록 노트를 작성할 때는 복잡하게 하지 말고, 아래의

5가지 항목을 중심으로 간단하고 명확하게 기록하면 됩니다.

① 수행 날짜와 시간 기록하기

"오늘 나는 언제 천수경을 독송했는가?"

- 아침 (오전 7시), 점심 (12시), 저녁 (밤 10시) 등
- 기록을 통해 자신에게 맞는 수행 시간을 찾을 수 있습니다.

예시:

- 4월 3일 (아침 7시) ☑
- 4월 4일 (저녁 9시) ☑

② 수행한 내용 기록하기

그날 수행한 내용을 명확히 적습니다.

- 천수경 전체 독송
- 신묘장구대다라니 21독
- 정구업진언 3독
- 사홍서원 1독

예시:

- 4월 5일: 신묘장구대다라니 21독, 사홍서원 1독 ☑

③ 수행 중 느낀 점 간단히 메모하기

오늘 수행을 하면서 느낀 점을 간단히 메모하면 수행의 깊이를 더할 수 있습니다.
- "오늘은 마음이 아주 맑고 집중이 잘 되었다."
- "잡념이 많아 집중하기가 어려웠다."
- "정구업진언을 하면서 지난주 친구에게 했던 말이 떠올라 마음이 가벼워졌다."

예시:
- 4월 6일: 수행을 시작할 때는 복잡했지만 독송 후 마음이 매우 편안해짐.

④ 수행 목표 설정하기

스스로 수행 목표를 설정하면 꾸준히 수행하는 데 큰 도움이 됩니다.
- 이번 주는 천수경 7회 이상 독송하기
- 이번 달 신묘장구대다라니 100독 완성하기
- 매일 아침 정구업진언 독송하기

목표를 달성했을 때 체크하면 더욱 성취감을 느낄 수 있습니다.

예시:
- 이번 주 천수경 7독 목표 중 현재 3독 진행 중 ☑ ☑ ☑

⑤ **회향 내용 작성하기**

수행의 공덕을 내가 아닌 타인을 위해 돌리는 마음으로 수행하면 더욱 깊이 있는 수행이 됩니다.

- 가족의 건강과 행복을 위해 회향합니다.
- 친구의 사업 성공을 위해 회향합니다.
- 세상의 평화를 위해 회향합니다.

예시:

- 4월 7일: 오늘 수행의 공덕을 가족의 건강과 행복에 회향합니다.

수행 기록 노트 예시

날짜	시간	수행한 내용	느낀 점	회향 내용	체크
4/3	아침	천수경 전체 독송	마음이 가볍고 상쾌했다	가족의 평안을 위해 회향함	☐
4/4	저녁	신묘장구대다라니 21독	처음에는 잡념이 많았지만 나중에 집중됨	직장 동료와의 관계를 위해 회향	☐
4/5	아침	정구업진언 3독, 사홍서원 1독	수행 후 마음이 매우 평온해짐	친구의 고민 해결을 위해 회향함	☐

이제 매일 수행을 기록하는 습관을 가져보세요. 꾸준한 기록이 여러분의 수행을 더욱 깊고 의미 있게 만들어줄 것입니다.

6. 천수경 독송 체크리스트 활용법

수행 체크리스트를 활용하면 수행의 꾸준함을 유지하고, 나의 수행 상태와 변화를 한눈에 확인할 수 있습니다.

① 주간 수행 체크리스트 작성하기

날짜	수행 여부	수행 내용	수행 시간	수행 후 느낌
1일차	☐	천수경 1독	아침	마음이 차분해짐
2일차	☐	신묘장구대다라니 21독	저녁	집중하기 어려웠음
3일차	☐	정구업진언 3독	점심	마음이 편안해짐
4일차				
5일차				
6일차				
7일차				

Tip:

매일 저녁 이 체크리스트를 작성하면서 하루 수행을 돌아보세요. 주말에는 한 주간의 수행 상태를 점검하며 다음 주의 목표를 세우는 것도 좋습니다.

② **월간 수행 목표 작성하기**

- 이번 달 수행 목표:

  천수경 50독 완독 ☐

  신묘장구대다라니 300독 ☐

  수행 일지 30회 작성 ☐

Tip:

월간 목표를 구체적으로 세우면 수행을 꾸준히 해나가는 데 동기부여가 됩니다. 매주 달성한 양을 기록하며 목표 달성을 점검해보세요.

③ **수행 패턴 분석하기**

나의 수행 패턴을 체크리스트를 통해 분석하면, 어떤 시간에 수행이 잘 되는지 쉽게 파악할 수 있습니다.

- 아침: 집중이 잘 되고 마음이 맑음 ☐
- 점심: 시간이 부족하지만 편안한 느낌 ☐
- 저녁: 하루를 마감하며 마음이 안정됨 ☐

Tip:

"나는 아침 수행이 더 잘 되는구나!" 혹은 "나는 저녁이 더 편안하구나!" 하는 개인적인 수행 패턴을 발견하면, 보다 효과적인 수행 습관을 만들 수 있습니다.

④ 수행 중 특별한 경험이 있을 때 기록하기

- 수행 중 갑자기 눈물이 나거나 마음이 깊게 울릴 때
- 마음이 평소보다 매우 편안해지고 가벼워졌을 때
- 잡념이 사라지고 고요한 집중 상태를 경험했을 때

특별한 경험을 기록하면 수행의 의미가 더 깊어집니다.

기록 예시:

- 4월 12일: 신묘장구대다라니 독송 중 눈물이 나며 마음이 정화되는 느낌이 있었음.
- 4월 18일: 수행 시작 3분 만에 집중 상태로 들어갔고 잡념이 사라짐.

⑤ 수행이 힘들거나 중단되었을 때 이유 분석하기

수행이 잘되지 않았던 날의 상황을 솔직히 기록하면, 앞으로 수행을 지속할 수 있는 방법을 찾는 데 도움이 됩니다.

- 수행이 어려웠던 이유:

  몸이 피곤하고 스트레스가 많았음

  주위가 시끄러워 집중이 어려웠음

  마음속 걱정거리로 집중이 안 됨

기록 예시:

- 4월 20일: 업무 스트레스가 많아 저녁에 집중하기 어려웠음. 내일부터는 아침 수행으로 바꿔봐야겠음.

이제 바로 수행 기록을 시작해보세요.
- 오늘 천수경을 독송한 후,
- 수행 후 마음의 상태, 수행의 효과, 수행 중 느낀 점을 간략히 기록해보세요.

이 작은 실천이 꾸준한 수행의 첫걸음이 될 것입니다.

7. 수행 기록을 통해 얻을 수 있는 변화

수행 기록을 꾸준히 실천하면 다음과 같은 긍정적인 변화를 경험하게 됩니다.

- **수행이 꾸준히 지속됩니다.**

기록을 통해 매일의 수행 상태를 확인하고 점검하면 자연스럽게 수행이 습관으로 자리 잡습니다.

- **수행의 효과를 직접 확인하며 동기부여가 됩니다.**

기록을 통해 수행 후 내 마음과 삶이 어떻게 변화하는지 직접 눈으로 확인하면서 꾸준히 정진할 힘을 얻을 수 있습니다.

- **자신의 수행 패턴을 이해하고, 더 효과적인 방법을 찾을**

수 있습니다.

어느 시간대에, 어떤 환경에서 수행이 잘 이루어지는지 파악 하고 자신에게 맞는 수행 환경과 방법을 찾을 수 있게 됩니다.

- 나만의 수행 일지가 쌓이면서, 수행자로서 성장하는 과정이 기록됩니다.

내가 독송한 횟수, 수행에서 느낀 변화, 깨달음 등 수행 일지를 통해 나의 내면적 성장과 변화를 명확히 확인할 수 있습니다.

이것이 바로 천수경 수행 기록의 힘이며, 꾸준한 기록을 통해 얻을 수 있는 진정한 가피입니다. 지금부터 천수경 독송과 함께 수행 기록을 시작해 보세요. 수행의 깊이와 삶의 변화를 더욱 분명하게 느끼게 될 것입니다.

3장

천수경 수행의 길
지속적인 정진을 위한 실천 가이드

1. 수행은 지속적인 정진이 중요하다

불교에서 가장 중요하게 강조하는 수행 원칙 중 하나는 바로 '끊임없는 정진(精進)'입니다. 아무리 훌륭한 가르침이라도 한 번 배우고 그치는 것으로는 삶에 실질적인 변화를 가져오기 어렵기 때문입니다. 특히 천수경 수행은 매일매일 반복적으로 실천하는 과정에서 비로소 진정한 가피를 체험할 수 있습니다.

수행이란 단지 기분이 좋거나 마음이 내킬 때만 하는 것이 아니라, 우리 삶의 일부로 자연스럽게 스며들어야 합니다. 처음 수행을 시작할 때는 "꼭 이렇게 매일 해야 하나?" 하는 부담감이 들 수 있습니다. 솔직히 매일 꾸준히 수행한다는 것이 쉬운 일은 아닙니다. 때로는 귀찮기도 하고, 바쁘다는 핑계로 하루이틀 미루다 보면 어느새 멀어지기도 하지요.

하지만 꾸준히 수행하다 보면 어느 순간부터는 수행이 일상이 되고, 자연스러운 습관으로 자리 잡게 됩니다. 마치 아침마다 세수를 하고 양치질을 하듯, 천수경 수행 역시 하루의 필수 루틴으로 자리 잡게 되는 것입니다.

꾸준한 정진은 우리 마음에 쌓인 업장을 점차 소멸시키고, 삶에 크고 작은 변화를 가져다줍니다. 수행의 효과는 마치 물방울이 바위를 뚫듯, 처음에는 느끼지 못할 정도로 미미해 보이지만 시간이 흐를수록 놀라운 변화를 일으킵니다. 이 작은 실천이 모여 결국 우리 삶 자체를 수행의 길로 만들어줍니다.

"그런데 왜 이렇게 수행을 지속하기 어려울까요?"

"바쁜 일상 속에서도 천수경 수행을 꾸준히 하는 좋은 방법이 있을까요?"

이러한 질문을 가진 분들을 위해 이번 장에서는 천수경 수행을 지속적으로 이어갈 수 있도록 구체적이고 실천 가능한 가이드를 소개하고자 합니다.

2. 천수경 수행을 지속적으로 정진하는 실천 가이드

수행을 꾸준히 지속하려면 마음가짐뿐 아니라 구체적인 실천 계획이 필요합니다. 천수경 수행을 오랫동안 지속할 수 있는 5가지 실천 가이드를 소개하겠습니다.

① 구체적인 수행 목표를 세우세요

막연한 수행보다는 구체적인 목표가 있을 때 더 잘 지속할 수 있습니다.

실천 방법:
- 이번 달은 매일 신묘장구대다라니를 21독씩 독송하기
- 100일 동안 정구업진언을 매일 3번씩 독송하기
- 매주 일요일 사홍서원을 독송하며 한 주를 마무리하기

② 매일 수행할 고정된 시간과 장소를 마련하세요

꾸준히 수행하려면 매일 같은 시간 같은 장소에서 수행하는 습관을 만드는 것이 중요합니다.

실천 방법:
- 아침에 일어나자마자 조용한 공간에서 천수경 독송
- 자기 전 침실에서 간단히 참회게 독송 후 하루 마무리

③ 수행 기록 노트 작성하기

수행을 기록하면 꾸준함을 유지할 수 있고, 수행의 흐름을 파악하여 성장의 동력이 됩니다.

실천 방법:
- 매일 수행한 내용을 기록하여 수행 상태 확인
- 수행 후 느낀 감정과 변화 기록하여 수행 일지를 작성

④ 함께 수행하는 사람 만들기

함께 수행하면 서로에게 힘이 되고, 수행의 꾸준함이 유지됩니다.

실천 방법:
- 가족, 친구와 하루 한 번이라도 함께 천수경 독송하기
- 수행 모임이나 템플스테이에 참여하여 함께 정진하기

⑤ 수행이 어렵거나 흔들릴 때 원력을 되새기기

수행을 지속할 때 어려움이 생기면 내가 왜 수행을 시작했는지 다시 돌아보며 초심과 원력을 기억하는 것이 중요합니다.

실천 방법:
- "나는 왜 천수경 수행을 시작했는가?" 질문을 반복해보기
- 사홍서원을 독송하며 초심을 되찾기

3. 수행이 흔들릴 때 다시 정진하는 방법

수행을 지속하다 보면 어려움을 겪기도 합니다. 이런 순간을 극복하고 다시 정진하는 방법을 소개합니다.

① 수행을 짧게라도 이어가기

수행이 힘들면 긴 시간 독송을 하지 말고 짧게라도 매일 이어가는 것이 중요합니다.

- 신묘장구대다라니를 하루 한 번이라도 독송하며 유지하기

② 초심으로 돌아가기

- 처음 수행을 시작했던 이유와 목표를 다시 떠올려보세요.
- 처음 수행 목표를 다시 읽으며 동기부여하기

③ 관세음보살에게 가피를 구하기

수행이 어려울 때, 관세음보살의 자비로운 마음을 떠올리며 다시 힘을 읻으세요.

- 계수관음대비주를 독송하며 관세음보살의 가피를 청하기

4. 천수경 수행을 지속하면 얻는 궁극적인 변화

천수경 수행을 지속하면 다음과 같은 깊은 변화를 체험하게 됩니다.

- 삶 자체가 수행이 되어 마음이 평온해진다.
- 업장이 점차 정화되어 인생의 흐름이 긍정적으로 바뀐다.
- 부처님과 관세음보살의 가피를 받으며 보호받는 느낌이 강해진다.
- 지혜와 자비가 삶 속에 자리 잡으며, 모든 존재와 화합하는 삶이 된다.

이것이 바로 천수경 수행을 지속적으로 정진할 때 얻는 궁극적인 가피입니다.

지금 이 순간부터, 꾸준한 정진을 위한 작은 한 걸음을 시작해보세요. 삶의 모든 순간이 수행의 길 위에 있음을 분명히 경험하게 될 것입니다.

5. 천수경 수행을 꾸준히 이어가기 위한 실천 가이드

천수경 수행을 지속적으로 정진하기 위해서는, 구체적이고 명확한 실천 가이드를 마련하는 것이 중요합니다. 다음의 방법을 천천히 따라 실천해보세요.

① 매일의 수행 목표를 작은 단위로 설정하기

수행의 가장 큰 어려움은 한꺼번에 많은 것을 이루려 하는 데 있습니다. 목표를 세부적으로 나누면 성취감이 커지고 꾸준히 지속하기 쉬워집니다.

실천 방법:
- "하루 5분 천수경 독송하기"
- "이번 주는 정구업진언 7회, 신묘장구대다라니 21회를 꼭 하겠다."

작은 목표를 설정하고 하나씩 체크해보세요.

② 수행을 잠시 중단하더라도 다시 시작하는 습관 가지기

수행을 매일 지속하는 것은 쉽지 않습니다. 때로는 여러 이유로 수행이 중단될 수도 있습니다. 그러나 중요한 것은 포기하지 않고 다시 수행을 시작하는 것입니다.

실천 방법:
- 수행을 하루 놓쳤다면, 다음 날 다시 간단한 진언 독송부터 시작하기
- 중단했다가 다시 수행을 이어갈 때 "다시 시작할 수 있음에 감사합니다"라고 다짐하며 재출발하기

③ 꾸준한 수행을 위한 환경 만들기

수행을 지속하는 데 가장 중요한 것은 환경을 갖추는 것입니다. 수행을 위한 공간과 시간을 명확히 정하면, 꾸준히 수행하는 것이 자연스럽게 습관이 됩니다.

실천 방법:
- 집 안의 한 공간에 작은 불단이나 촛불, 향을 준비하여 매일 같은 장소에서 수행하기
- 아침이나 저녁 중 편한 시간을 정하여 반드시 그 시간에 수행하기
- 수행 전후 짧은 명상이나 호흡 수행을 통해 집중력을 높이기

④ 수행 동반자와 함께 수행하기

수행을 혼자 하면 포기하기 쉽지만, 가족이나 친구와 함께 하면 서로 격려하며 오래도록 이어갈 수 있습니다.

실천 방법:
- 가족, 친구, 혹은 도반과 함께 하루 5분이라도 정해진 시간에 천수경 독송하기
- 수행이 끝난 후 서로 수행 일지를 공유하며 수행의 기쁨을 나누기

- 정기적으로 모여 함께 수행하고, 수행 경험을 나누는 시간을 만들기

⑤ 수행의 공덕을 회향하기

수행은 자신을 위한 것이지만, 더 큰 의미에서는 모든 중생을 위한 것입니다. 수행의 공덕을 회향하면 수행의 의미가 더욱 깊어지고, 수행을 지속하는 힘을 얻을 수 있습니다.

실천 방법:

- 매일 수행이 끝날 때 "이 수행의 공덕을 나의 가족과 친구, 모든 인연 있는 존재들에게 돌립니다"라고 회향하기
- 수행할 때마다 마음속으로 주변의 누군가를 떠올리며 "그 사람이 행복하고 평온하기를 바랍니다"라고 발원하기

지금 바로 실천해보세요. 천수경 수행을 짧게라도 독송하고, 위의 방법을 따라 꾸준한 수행 습관을 만들어보세요. 수행이 지속될수록 수행의 기쁨과 가피가 더욱 깊이 느껴질 것입니다.

맺음말

천수경은 단순히 독송하는 의례적인 경전이 아닙니다. 이 경전 안에는 부처님의 깊고 자비로운 가르침이 담겨 있으며, 우리가 어떻게 살아가야 하는지를 명확히 제시하는 실천적 수행법이 녹아 있습니다. 천수경을 독송하고 수행한다는 것은 단순한 반복이나 형식이 아닙니다. 이는 자신의 내면을 깊이 성찰하고, 어떻게 하면 바르게 살아갈 수 있을지 끊임없이 고민하고 다짐하는 것입니다.

  수행자의 길은 언제나 쉽지 않습니다. 때로는 마음이 나태해지고, 때로는 바쁜 일상 속에서 수행을 지속하는 것이 어렵게 느껴질 수도 있습니다. 하지만 하루 단 5분이라도 천수경을 독송하고, 그 가르침을 삶 속에서 실천하려는 작은 노력만으로도 우리의 삶은 분명히 달라지기 시작합니다.

  이 책은 천수경의 가르침을 더 깊이 이해하고, 이를 현실에서 어떻게 구체적으로 실천할 수 있을지 안내하기 위해 집필되었습니다. 단지 경전의 내용을 설명하는 것에 그치지 않고, 천수경을 진정한 수행의 도구로 삼아 삶 속에서 실천할 수 있도록 돕고자 합니다.

지금 바로, 조용히 마음을 가다듬고 천수경을 독송해보십시오. 천수경의 고요하고 맑은 울림이 몸과 마음 깊숙이 스며들어, 우리의 삶 자체가 아름다운 수행이 되는 길로 나아가기를 간절히 기원합니다. 천수경 수행을 통해 모든 중생이 행복하고 평안하기를 바랍니다. 모든 인연이 더욱 원만하고 아름다워지기를 바랍니다.

이 책을 읽고 선명상과 천수경 수행의 힘을 경험하는 모든 분들께 부처님의 무한한 자비와 지혜가 항상 함께하시기를 진심으로 기원합니다.

불기 2569년 부처님오신날
남산 충정사에서 덕운 합장

선명상과 함께하는
천수경 수행의 길

초판 1쇄 발행 2025년 5월 5일
초판 2쇄 발행 2025년 5월 16일

지은이　덕운
사진　　준초이
발행인　감준서

펴낸곳　청류
주소　　서울시 종로구 우정국로 39 603호

ISBN 979-11-992506-0-4 03220

책값은 뒤표지에 있습니다.
저작권법에 의하여 보호를 받는 저작물이므로 무단으로 복사, 전재하거나 변형하여 사용할 수 없습니다.